如何设计有效的教师合作教学模式

[美] 托妮·法迪斯 Toni Faddis　道格拉斯·费舍 Douglas Fisher 南希·弗雷 Nancy Frey 著

丁硕瑞　译

ENSURING ALL STUDENTS AND TEACHERS SUCCEED

COLLABORATING THROUGH COLLECTIVE EFFICACY CYCLES

中国青年出版社

图书在版编目（CIP）数据

如何设计有效的教师合作教学模式 / (美) 托妮·法迪斯, (美) 道格拉斯·费舍, (美) 南希·弗雷著；丁硕瑞译. -- 北京：中国青年出版社, 2024. 8. -- ISBN 978-7-5153-7348-5

Ⅰ. G42

中国国家版本馆CIP数据核字第2024T2D475号

如何设计有效的教师合作教学模式

作　　者：[美] 托妮·法迪斯　道格拉斯·费舍　南希·弗雷
译　　者：丁硕瑞
责任编辑：高　凡
文字编辑：步欣旻
美术编辑：杜雨萃
出　　版：中国青年出版社
发　　行：北京中青文文化传媒有限公司
电　　话：010-65511272 / 65516873
公司网址：www.cyb.com.cn
购书网址：zqwts.tmall.com
印　　刷：大厂回族自治县益利印刷有限公司
版　　次：2024年8月第1版
印　　次：2024年8月第1次印刷
开　　本：787mm × 1092mm　1/16
字　　数：130千字
印　　张：12
京权图字：01-2023-0060
书　　号：ISBN 978-7-5153-7348-5
定　　价：49.90元

本书赞誉

这本书会改变游戏规则。在教育中，这本关于促进学生学习集体效能的分步操作手册是绝对必要的，不仅在目前的环境中是必要的，未来也是如此。每个人都会从本书中受益。本书与学区领导，甚至校董会、校长、教练和课堂里的教师都息息相关。本书中的可操作性步骤并不针对具体年级，对所有年级、所有内容领域和所有学校都适用。本书的每一个单元都包括会使学校变得更好的回应、反思、合作和制定目标的机会。如果采取本书中概述的操作步骤，行政人员、教师、学生——每个人都会成功。这不是一本自我感觉良好的书，也不是一本充满教训的书——它是一项使集体效能得以实现的资源。《如何设计有效的教师合作教学模式》（*Collaborating Through Collective Efficacy Cycles*）可以帮助教育工作者复兴。

——伊莱恩·舒伯特（Elaine Shobert）

识字教练和班主任，罗克雷斯特小学，门罗，北卡罗来纳州

这本书倡导的是真实、有意义并且尊重教师的内部专业学习经验。《如何设计有效的教师合作教学模式》将引起许多教育工作者的共鸣，并满足他们的需求。这本书所分享的操作过程清晰，强大有力。它可以跨年级使用，确实适用于所有团队。我们的教师是我们专业发展最重要的基础，为教师提供改善实践的路线图是非常重要的。

——凯蒂·麦克格拉思（Katie McGrath）

教学促进者，劳登县公立学校，阿尔迪，弗吉尼亚州

对于我们这些致力于高质量教学，同时也要发展教师能力的人来说，这本书清晰明确地定义了专业学习社群的过程，整个过程框架清晰，并为教师提供了良好的成长周期。《如何设计有效的教师合作教学模式》选择了会让许多学校得出不同结果的话题进行讨论。这本手册基本上是用行动步骤来指导教育工作者的。许多读者在他们的地区已经有了一些专业学习社群版本的经验，但可以说，这本书在开发教师领导力方面提供了一个更系统的方法。

——迈克尔·拉弗蒂（Michael Rafferty）

教学主任，德比公立学校，德比，康涅狄格州

目录

第 5 章　合作规划与开放性实践　135

第 6 章　监测、完善与庆祝　163

致谢

科温出版社感谢以下审稿人和教育工作者的贡献：

丹尼斯·芬尼（Denise Finney）
教育工作者
丘拉维斯塔小学学区
丘拉维斯塔，加利福尼亚州

克里斯塔·格弗尔（Krista Geffre）
研究生导师
（美国）西北创新教师
希尔斯伯勒，俄勒冈州

朱莉娅·隆戈（Giulia Longo）
教育工作者
丘拉维斯塔小学学区
丘拉维斯塔，加利福尼亚州

贝弗利·普兰格（Beverly Prange）
校长
丘拉维斯塔小学学区
丘拉维斯塔，加利福尼亚州

迈克尔·拉弗蒂（Michael Rafferty）
教学主任
德比公立学校
德比，康涅狄格州

伊莱恩·舒伯特
识字教练和班主任
罗克雷斯特小学
门罗，北卡罗来纳州

克里斯托弗·特纳（Christopher Turner）
教育工作者
丘拉维斯塔小学学区
丘拉维斯塔，加利福尼亚州

前言

你听说过**教师集体效能**吗？在教育界，集体效能非常常见，但你可能会好奇，“集体效能到底是什么？听起来不错，但如何产生集体效能？”其他人可能会担心，这只是已有太多概念的教育界的又一个名词而已。教师集体效能是指“全体教师的努力对学生产生的积极影响”。这本书将揭开教师集体效能的神秘面纱，为教育工作者实现个人和专业成就提供明确的途径，同时也将提高学生的成绩和幸福感。

我们来分解这个概念。从班杜拉（Bandura）对社会认知理论的早期研究中，我们了解到，人们希望对自己的生活有某种程度的控制。当一个人体验到这种控制感时，他们会感受到**自我效能**。自我效能是“相信自己有能力组织和执行一系列行动”，从而达到预期结果。由于人们通过关系网与他人互动，我们可以理解，**集体效能**是一个群体的共同信念，即通过共同工作，人们有能力成功组织和执行一系列行动。在学校里，教师集体效能是一种信念，认为教师们的共同努力——作为一个集体，而不是作为个人——能够对学生的学习和动机产生积极影响。

自我效能是“相信自己有能力组织和执行一系列行动”。

一名跑步者的兴奋感

如果你曾经长跑，跑完之后感觉还能再跑几公里，那么你可能经历过跑步者的兴奋感。这是一种幸福和兴奋的感觉，当跑步者跑到一定程度时就会感受到这种感觉。从事其他运动或高强度运动的人在进入节奏或兴奋状态时，也会像跑步者一样感受到这种愉悦。通常情况下，这种欣快感发生在高强度运动之后，但有些人也会在支持的队伍获胜，或与乐队/管弦乐队共同演奏出完美的音乐后产生类似的感觉。这是一种新发现的能量，一种新生的力量。如果你以前有过这种感觉，那么你会知道，当你产生这种感觉时，你的思路清晰，整个人看起来更轻盈、专注。你处于一种理想状态，一种区域，或处在心流状态[①]。

这种精神状态，即一种心流、内在和谐的状态，可以通过教师们为实现一个共同目标进行通力合作来实现。

教师集体效能带来了精神上的益处。然而，这并不是偶然发生的，就像单纯的跑步行为并不能保证跑步者获得兴奋感一样，就像我们每天跑几公里，但每次跑完还是会感觉不适，还会气喘一样。我们必须在适当的条件下才能感受到这种兴奋感。我们必须以特定的方式训练，为跑步者收获兴奋感创造最好的条件。

教学也是如此。在学校工作的人也可以产生这种兴奋感，就像业余的跑步者一样——但教师们可能没有意识到。这可能是因为教师们没有以最佳的方式训练。如果我们设计更多系统性的、合作性的专业学习体验，会发生什么？答案是我们可以增加合作小组每个成员出现长跑者体会到的那

① 心流状态，由心理学家米哈里·契克森米哈赖（Mihaly Csikszentmihalyi）提出，指的是个体在专注进行某项活动时所表现出的心理状态。在这种状态下，个人完全沉浸于当前的活动，表现出高度的专注和兴奋，时间感会改变，甚至感觉不到时间的流逝。——编者注

种兴奋感的可能性。实际上，我们可以创造集体心流，或共同心流。集体心流是一种“当一个群体处在其能力的巅峰表现时发生的状态”。有经验证据表明，集体心流产生于高挑战和高技能的结合。

高技能×高挑战+成功=教师集体效能

教学长期以来一直被视为一种个人活动。在这本书中我们主张，当教师集体工作时，教与学会更有效。个体单独工作可以培养一定程度的自信和自我效能感，而当教师在一个团队中共同工作时，如专业学习社群+（Professional Learning Community+），可以实现更高的自信、自我效能感和集体效能感。当专业学习社群+团队朝着共同的目标合作并通过他们的努力获得成功时，他们的教师集体效能感就会增加，感受到跑步者的兴奋感和集体心流的机会就会增加。

合作是教师集体效能发展的动力，不能一个人单打独斗。当专业学习社群+团队成员合作，并实现共同目标时，他们会更有动力，对未来成功的期望也会增加。这就是教师集体效能的行动。人们意识到，团队能够解决个人无法解决的问题。

同样，在遇到障碍或故障时，教师集体效能为团队继续推进课程提供了动力。随着人们的效能感越来越强，他们在处理困难环境时变得更加勇敢和自信，以看起来更容易管理的方式重塑它们。由于教学是一项高度情绪化的工作，很明显，积极参与产生教师集体效能的合作过程将使教育工作者和学生都从中受益。

教与学的愿景

我们的愿景是，每一位教育工作者每天都能满怀鼓舞和信心地参与工作，积极地影响学生的生活。只要他们到达学校，我们希望他们：

- 作为专业人员，感到自己是有价值的
- 参与高绩效的团队，作为日常工作的一部分
- 体会到高度的信任、关心和合作是学校的文化
- 定期与同事沟通交流，以检查自己的实践
- 愿意为学生的学习承担集体责任，即使学生不在教室里

在所有的学校中，这些激励人心的愿景都是可以实现的。就像跑步者使用该领域最好的技术为比赛做训练一样，教育工作者也应该使用我们领域最好的技术来准备教学。这些知识可以在可见的学习®元数据库（Visible Learning® MetaX）中找到，这是一个高度专业的研究数据库，包含了与来自全球的数百万学生的成绩相关的研究结果。在这项宏大的研究中，我们知道，即使“在控制了之前的学生成绩和诸如社会经济地位等人口统计学特征”之后，教师集体效能对学生成绩的影响大小仍为1.36。这是一个显著高于平均水平（0.40）的影响水平，应该会显著提升学生的学习成效。显然，培养教师集体效能应该是所有教育工作者和政策制定者的优先事项。

分享课程计划，或每周二下午开会，只会让团队停滞不前。管理者希望教师合作，但教师集体效能并没有因此得到发展。教师集体效能是由教师合作、汇集资源和精力以及互相反馈所激发的。此外，教师集体效能可以系统而灵活地发展。这本书为团队提供了执行循证实践的工具，以磨炼他们作为专业教育工作者的专业知识。在这样做的过程中，团队会产生并

利用推动学习前进的能量。当教师学习时，学生也在学习，教学相长。

我们提供的路径定义了团队如何系统地培养和增加个人的动力和能量，更重要的是，团队之间如何相互作用。我们展示了如何理想化地执行集体效能循环的每个组成部分，这让教育工作者了解理想的目标是什么样子的。这种方法与专业学习社群+框架紧密结合，为教育工作者提供了实用的策略和工具，以参与聚焦于下列5个问题的合作学习体验。

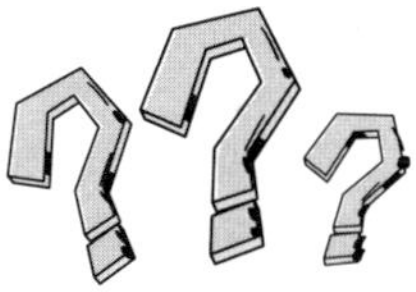

专业学习社群+框架指导问题

1.我们的方向是什么？

2.我们目前处于什么阶段？

3.我们如何推动学习？

4.我们今天学到了什么？

5.谁受益，谁没受益？

这本书突出了问题4的价值：我们今天学到了什么？虽然促进学生的学习和幸福是我们的共同目标，但这本书专注于培养成人作为专业教育工作者进行持续学习及专业知识深化的能力。在那些对成人学习没有设定共同目标的学校里，教师们通常“转向内心，仅仅依靠自己的经验”。研究表明，教师不是一个静态的职业；相反，有效的教学“需要对教育工作者进行有力和持续的教育”。

如何在专业学习社群+框架内实现集体效能循环?

集体效能循环被设计为对应专业学习社群+的5个问题；团队成员利用他们现有的知识专注于解决共同挑战。现有的专业学习社群+团队不需要学习不同的结构。对于刚接触专业学习社群+过程的教师，《专业学习社群+：通过设计获得更好的决策和更大的影响力》(*PLC+: Better Decisions and Greater Impact by Design*)详细介绍了5个指导性的问题。本书中描述的集体效能循环为教师团队提供了一个可重复使用的既定过程；内容会改变，但过程不会。

图0.1展示了5个专业学习社群+指导性问题与集体效能循环之间的联系。

集体效能循环为教师和学校提供了一种转型方式，使他们从孤立的专

图0.1　专业学习社群+框架和集体效能循环的交叉路径

专业学习社群+框架	集体效能循环
问题1：我们的方向是什么?	• 形成一个专业学习社群+团队 • 合作发展集体效能循环
问题2：我们目前处于什么阶段?	• 利用形成性信息确定学生的需求 • 确定共同挑战
问题3：我们如何推动学习?	• 挑选一个基于证据的策略 • 学习该策略
问题4：我们今天学到了什么?	• 执行该策略 • 通过同行观摩开放实践 • 提供点对点的反馈 • 指导同事 • 反思结果
问题5：谁受益，谁没受益?	• 做出调整，从而提高学生的成绩 • 验证结果，并庆祝成功

业发展升级为可以创造出有期待、被接受和被重视的专业学习文化。尽管教育领域取得了许多进展，包括确定了对学生学习的322种影响的元分析，但许多创新实践尚未进入课堂。很多时候，学校使用的专业发展战略和计划已经过时了。学生和教师都不能受益，学生因此可能会错过高质量的教学，教师因此可能会错过为他们的职业生涯增添活力的职业学习经验。

此外，所有的教育工作者，包括那些制定教育政策的人，都要认识到教师领导力的重要性和价值，这一点很重要。如果把教师排除在学校改进的等式之外，只把他们放在教室里，按照一套范式去做，可能无法实现很多学生在学习成就方面的目标。我们会让太多的学生失望。由于教与学是动态的，教师必须高度参与学校建设的各个方面：循证实践的战略规划、执行，以及对学生学习的评估。

可视化时间表

集体效能循环是通过一个可视化的时间表来概念化的，它提供了一个循环的路线图，并服务于面对共同挑战。

图0.2给出了4年级数学教学中集体效能循环的一个例子。请注意，这个时间表中的每个方格都不是完整的；团队没有必要，也不可能完成每一项任务。相反，时间表是用来为循环提供结构的。鼓励团队从一个空白的可视化时间表开始，并进行公开展示，这样既可以向团队问责，也可以向学校社群展示团队正在学习的信息。其他教育工作者会对这个循环感兴趣，这为集体效能的发展提供了另一个机会。

图0.2　集体效能循环可视化时间表

共同挑战：依靠算法或工具解决数学问题

循证策略：学生提问

第一个循环 **时间跨度**	**共同挑战** 探讨学生的学习需求	**建立知识** 教师进行专业学习以实施循证实践	**安全实践** 教师在低风险环境下实验新的实践	**专业阅读** 教师阅读有关所学实践的专业文章	**开放实践** 教师互相观摩并参与有组织的反思与反馈	**监测与完善记录** 教师在课上及课后参与学习走访，讨论学生学习	**下一步** 教师回顾学生学习的实证并确定下一步措施
第1周：9月7日起	谈话						
第2周：9月14日起		9月14日叙述与推进		9月14日—9月25日 阅读书目的第2章第38—54页			
第3周：9月21日起		9月21日公开学生的想法	9月21日—9月25日				
第4周：9月28日起	谈话	9月28日小组按顺序交谈，建立模板帮助学生	9月28日—10月2日	9月28日—10月2日 阅读书目的第2章第55—59页			

续表

图0.2　集体效能循环可视化时间表

共同挑战：依靠算法或工具解决数学问题

循证策略：学生提问

第一个循环 **时间跨度**	**共同挑战** 探讨学生的学习需求	**建立知识** 教师进行专业学习以实施循证实践	**安全实践** 教师在低风险环境下实验新的实践	**专业阅读** 教师阅读有关所学实践的专业文章	**开放实践** 教师互相观摩并参与有组织的反思与反馈	**监测与完善记录** 教师在课上及课后参与学习走访，讨论学生学习	**下一步** 教师回顾学生学习的实证并确定下一步措施
第5周： 10月5日起		10月25日小组按顺序交谈，建立模板帮助学生	10月5日— 10月9日				
第6周： 10月12日起					10月12日— 10月16日 3个人为1组	10月16日 无导向访问，填表格	
第7周： 10月19日起	谈话				10月19日— 10月22日 3个人为1组	10月23日 有导向访问，填表格，提问	10月19日 回顾记录
第8周： 10月26日起	谈话						10月26日 回顾记录

笔记

虽然合作学习体验促进了教师的继续教育，但团队必须采取3个具体行动来创造机会，以产生教师的集体效能：

- 与学生共同实施循证实践
- 树立并实现共同的目标
- 通过同行观摩开放实践

毕竟，如果你不了解同事的实践，教师集体效能是不可能产生的。有3个具体而基本的行动可以产生教师集体效能。

产生教师集体效能的3个具体而基本的行动

1. 与学生共同实施循证实践
2. 树立并实现共同的目标
3. 通过同行观摩开放实践

集体效能循环的组成部分

本书中的6个单元旨在帮助团队完成一个完整的集体效能循环周期，通常持续6—10周。一个循环是围绕一个共同挑战来组织的，可以通过执行循证教学策略来解决，包括互动式教学、拼图游戏、仔细阅读或任何其他已被证明能促进学生学习的策略。

有效地了解和执行一项循证策略需要时间。只学习一次专业发展课程不足以让我们获得运用新策略的知识和技能。研究表明，我们需要“与同龄人和小团体的学生进行10—15次的练习，才能明显地表现出高水平的技能”。鉴于一个循环的结构约为两个月，时间轴为教育工作者提供了深入学习一种策略的多个机会。在这个循环中，我们的期望是教育工作者能够进行合作：

- 使用数据去确定学生需求的范围
- 确定一个可以满足需求的循证策略
- 和团队一起阅读讨论策略
- 和学生一起多次执行策略
- 在执行策略的过程中互相观摩
- 做出必要调整以促进学生的成功
- 确认并记录成功之处

虽然循环周期在每个学年重复，并且是灵活的，但我们建议团队按顺序执行每个单元的任务，直到你对这个过程感到舒适为止。我们还鼓励团队中的每个人都发出声音，这样，每个成员都有机会在整个循环中成为团队的积极分子。积极分子是团队中的一员，他拥有让同龄人参与对话和学习的技能。

一个循环的重点是由专业学习社群+团队展示和检查的学生成绩或表现数据决定的。**循环是由数据引导的，而非外部指令。**这是集体效能循环的一个重要方面。除了通过选择循证策略来解决学生需求以深化他们的自主权之外，教育工作者的作用也因为他们做出了这种决定而得到了提升。这为每个团队选择与学生需求相关的重点提供了灵活性。我们还鼓励团队邀请其他教育工作者（如学校辅导员和课堂助理）参与循环。

循环是由数据引导的，而非外部指令。

如何使用本书

第1章给自我效能和集体效能下了定义，因此，你对这些概念背后的含义也有了理解。我们解释了团队在学校系统地培养集体效能的4种方法。为了说明实际的行动，我们将把具有低水平集体效能与具有高水平集体效能的两个团队进行对比。我们还提供了在你的环境中可用的工具来评估个人和团队的效率以及确定下一步的步骤。集体效能循环的组成部分和描述见图0.3。

之后的单元以创新配置图开始，该图定义了对团队成功而不是个人成功的期望。就像我们的学生一样，当我们理解了成功的目标和标准，我们就更有可能成功。

第2章支持团队使用数据来确定一个共同挑战，该挑战要以学生的需求为中心。这是集体效能循环的重点。**一起确定共同挑战的团队**确立了实现教师集体效能的3个基本行动中的第1个行动。

图0.3　集体效能循环组成部分和描述

章节	集体效能循环的组成部分	描述	主题与工具
1	发展自我效能和集体效能	自我效能和集体效能的定义。描述了创造教师集体效能的4个条件。	• 自我效能与自我评估 • 合作工作的7个规范 • 寻找成功经验、可替代的经验 • 评估并增强团队的效能、灵活性、技术、意识及独立性 • 值得记录的时刻
2	确定共同挑战	一个指导团队使用数据来确定学生学习需求的过程。各小组制定一个共同的目标，通过集体效能循环解决一个共同的需求。	• 数据收集和分析规程 • 共同挑战的检查清单和调整规程 • 值得记录的时刻
3	构建教师的知识与技能	团队选择学习机会，以建立知识，提高循证实践的专业技能。	• 在数据库中寻找循证实践 • 学习日志 • 专业学习的7个要素以及要避免的误区 • 学习新事物时，头脑、心灵和双手要并用 • 专业阅读 • 讨论和基于文本的规程 • 示范与思考交流的计划工具 • 值得记录的时刻
4	合作规划与安全实践	团队成员在他们的教室里进行刻意的实践，以加深他们在已确定的循证实践方面的专业知识。	• 自发练习与刻意练习 • 对刻意练习的反思性问题 • 重构评判性想法 • 推论阶梯 • 教育工作者的团队作用 • 值得记录的时刻

续表

图0.3 集体效能循环组成部分和描述

章节	集体效能循环的组成部分	描述	主题与工具
5	合作规划与开放实践	团队成员观察对方教室里正在实施的循证实践，时间为15分钟。	• 同行观摩的3个组成部分 • 为学习访问和无导向访问做准备 • 学习访问和无导向访问的成果汇报 • 微型教学 • 正式培训 • 认知培训
6	监测、完善与庆祝	作为循证实践的结果，学生的学习得到了衡量。团队成员对自己的学习和产生的影响进行反思，这肯定了他们的努力。	• 成功分析规程 • 画廊漫步教学的引导指南 • 什么是集体效能文化 • 评估组织规模化准备情况的工具 • 集体效能循环的个人及团队评估
	附录：可供团队使用的资源	为个人和团队提供额外资源，用于建立信任，确保会议成功，并促进共识。还提供了支持团队管理冲突和克服障碍的工具。	• 集体效能循环的可视化时间安排模板 • 创新配置图行动计划书 • 团队信任 • 自我评估对会议的贡献 • 分析成功会议的卡片分类活动 • 以公开和可视化方式记笔记的益处 • 高效专业学习社群+会议技巧 • 团队中的冲突 • 促进共识 • 聚焦达成共识的4个规程 • 专业学习社群+会议中的集体动态

在第3章，团队确定了解决学生特定需求的循证实践。团队将选择一种策略来学习。这可能包括阅读一篇文章中、书中单元里或博客中的某个策略。也许这些内容里可能包含更专业的学习经验。在团队会议中可以积极思考、建立模型和讨论策略，以便成员对其有更深的理解。**通过致力于学**

习循证策略来设定目标是实现教师集体效能的3个基本行动中的第2个行动。

我们的团队在学习循证策略的同时，也和学生一起执行实施。这是第4章——合作规划与安全实践的主题。在安全实践期间，我们多次尝试该策略。每一次操作都让我们变得更加舒适和熟练。安全实践阶段保护我们不被观察或评估。如果课程不能促进学生的学习，并符合他们的期望，我们便可以放心地做出调整。如果没有这个阶段，便不太可能成功地实施策略，因为当我们知道自己将被观察时，我们都会倾向于使用已被验证过的方法。毕竟，当我们学习一项新技术时，我们不想让自己受到批评。在这一阶段，我们互相商量策略的执行情况和学生的进步情况。

经过几周的安全实践后，同行观摩将被提上日程。第5章中提供的工具和规程支持团队以非评估的方式观摩彼此的课堂，从而执行开放实践。这些10—15分钟的观摩是集体效能循环的标志。观摩将会加深你对循证策略的理解，还有机会指导他人并获得他人的指导。点对点导师制为导师和学员都提供了有力的学习体验，而指导另一名教育工作者的能力强弱并不取决于职位头衔或经验年限。我们通过观摩来给予指导，提供示例问题，据此来帮助你确定对学生学习的影响。**同行观摩**是集体效能循环中形成教师集体效能所必需的3个行动中的第3个行动。

经过数周的循证实践学习，团队会监督学生的学习并做出任何必要的调整，以确保学生的成功。这是第6章的重点。评估数据被收集和衡量，据此，你可以立即响应学生的需求。在集体效能循环结束时，我们的团队应该暂停并集体评估我们的行动对学生学习产生的影响以及对我们自己的学习产生的影响。

在第6章中，我们还将记录团队的成功，并通过画廊漫步教学或其他方式与学校分享我们的学习成果，让学习和创新得以传播。通过画廊漫步教学见证他人的学习，为学校里的其他人带来切身的学习体验，这是产生集体效能的预兆。在教育环境中，通常有一个固有的、不言自明的规范，那就是对自己的成就保持谦逊。我们断言，“验证”对于教育者个人和其团队成员的发展来说都是健康且必要的。本单元中包含的工具和议程可以帮助你的团队系统地处理、确认，并记录学生的以及你自己的学习成果。在这个循环结束时，团队会评估他们的集体效能感，并决定下一步的行动。

这本书旨在明确教授教师团队如何系统地培养集体效能。我们鼓励你将培养集体效能写入整个循环周期中，并以此为中心组织活动。将有大量活动和有组织的反思帮助你完善你的教学技巧。每一个设计都邀请你记录个人想法以及团队合作中产生的想法。请使用手册设定目标、进行监控、跟踪进展，并确保团队中的每个人都在同一页上。这也是团队记录整个循环中所采取步骤的一种方法，可能对未来的团队工作或学校的其他操作过程有所帮助。

“验证”对于教育者个人和其团队成员的发展来说都是健康且必要的。

这本书还邀请团队作为个体来审视自己的理解和假设，因为每个人对专业学习经验的理解都不一样。这是个人在更深层次上相互了解的机会，通过这样的做法，团队作为一个整体将变得更加协调和关联。通过参与这些活动并承诺将采取行动，我们相信，这一过程将为团队提供了解、发展和维持你们学校集体效能的手段。我们很乐观地认为这个过程会激励你。

笔记

第1章

发展自我效能与集体效能

章节综述

集体效能不是自然发生的。当团队建立了特殊的条件时，才能产生集体效能。这个团队相信集体的力量可以解决个人解决不了的事情。当专业学习社群+团队通力合作，完成共同的目标时，他们感到充满力量，教师集体效能感增加了。在这一单元，我们要确定什么是自我效能和集体效能。我们将解释团队可以在学校里系统地培养集体效能的4种方法：

- 成功经验
- 替代性经验
- 社会性说服
- 积极的情绪状态

情境1：更实干，而不是更巧干

教4年级的老师迪娜（Dina）周二早上来到学校。把包放在教室以后，她确认了教学重点，要重新教学生如何确定因果关系。迪娜把练习稿带到复印室，遇到了同样教4年级的同事朱丽娅（Julia）。两位老师寒暄了几句，朱丽娅问迪娜今天教什么。迪娜指着补习工作表解释道，她昨天教的关于因果关系的课程很多学生都能明白，但还是“有5个孩子不能理解。我准备让他们再学习一下”。朱丽娅看了看，表示同意。“我也打算这样，但你看，我找到了什么。我下载了这个有关因果关系的练习，不理解因果关系的学生就可以多做些练习了。你要一份吗？”

与此同时，坐在一旁的翠西（Tracy）听着她们说话，但没有插嘴。她在想她自己的事情——同样是工作表。当然，她也有学生需要额外的指导，但她觉得组织个小组，在小组里面和这些学生见面，用新的材料教他们是个更好的计划。她觉得她可以把这个计划变得更有趣，让学生们齐心协力，根据原因找到结果。

有很多像迪娜、朱丽娅和翠西这样的老师，她们工作起来相对独立。她们每天早上到校，直奔教室，关上门开始上课。当她们合作时，通常必须给出一个共同的形成性评价。通常，没有人为学习者提供支架和支撑，也没有人谈论他们课程的有效性。教师遵循规定的教学节奏和课程要求，有时对学生的学习缺乏深思熟虑的计划指导或反思。年复一年的重复教学甚至会削弱许多人在最初开始教学时感受到的激情。

迪娜、朱丽娅和翠西并不是坏老师。她们关心自己的学生，对她们学生的学习持有很高的期待。她们从教学管理者那里得到了很高的评价，所以没什么令人信服的理由让她们每年教授不同的课程内容。她们可能并不知道教学的其他方法，因而她们可能没有意识到，如果进行合作的话，她们的教学会看起来不同，感受也会有所不同。用图1.1记录下你的想法，在本章的最后，我们会重新审视这个场景，看看迪娜、朱丽娅和翠西之间的合作是什么样的。

图1.1　留心时刻

你曾经在一个没有教育目的的学校中工作过吗？

如果是，工作环境怎样？你的感觉是怎样的？如何能让你感觉更好些？

什么是效能

你会购买一辆没有通过安全测试的汽车吗？医生应该开没有被证明有疗效的药物吗？在医疗保健和其他领域，通常的做法是对治疗方法和医学产品进行研究和测试，以验证其疗效。疗效是对预期效果的一种衡量。消费者可以研究他们所购产品和所服药物的疗效。教育领域也对措施的有效性进行了衡量。除了测试策略和干预措施外，教育研究人员还研究和衡量教师的效能，因为效能与努力有关。这样一来，我们可以把效能和努力看作教师产生预期效果的能力，比如对学生学习的影响。

成绩比教师个人贡献的总和更为复杂和重要。

20世纪90年代，斯坦福大学心理学家阿尔伯特·班杜拉（Albert Bandura）指出，学生在学校的学习成绩反映了一种集体的努力。这意味着成绩比教师个人贡献的总和更为复杂和重要。班杜拉发现，共同工作的教师可能会在学校社区内形成一种强烈的集体效能感。这些共同的努力对学生的学业成绩有很大的帮助。

学术上的成功通常通过学生的成绩水平来衡量，所有的学校和地区都负责改善学生的学习。在一所学校内，组织结构受到学生、教师和行政人员之间关系的影响。根据社会认知理论，教师对自己和同事的看法会影响他们的行动。班杜拉认为，当一个群体坚持不懈地为实现共同的目标共同承担风险，并有意愿团结在一起时，就会形成集体效能。愿意团结在一起标志着一种职业承诺，因为“人们的生活并不是独立自主的。事实上，他们寻求的许多结果只有通过相互依存的努力才能实现。因此，他们必须一起工作，以确保他们自己无法完成的目标得以实现”。

此外，社会认知理论还认为，自我和集体效能受到环境、其他人和个人因素的影响。这些信念影响着人们如何思考、行动、感受和激励自己。通过在学校的社会过程，效能信念形成了，因为每个人都相信，他们可以通过集体努力为学生带来改变。戈达德和他的同事认为，与社会经济地位和其他学校特征相比，教师的集体效能是预测学生成绩的一个更有力因素。其他研究也有类似的发现。由于集体效能与学生的成绩有关，所以了解自我效能和集体效能之间的区别是很重要的。

与社会经济地位和其他学校特征相比，教师的集体效能是预测学生成绩的一个更有力因素。

自我效能

自我效能是一个人对自己采取行动的能力的信念——这种能力会带来特定的结果。它是“相信自己能够成功地执行达到成果所需的行为”。这种信念，就个人而言，就是他们能够采取必要的行动，从而达到预期的结果。教师的自我效能是教师相信他们有能力采取必要的行动来保证学生取得积极的学习成果。

教师的自我效能指的是“教师的能力感，而不是对实际能力的客观衡量”。这种能力感是根据具体情况而有所不同的，当教师根据特定情况的要求评估个人能力时，就会形成这种能力感。例如，一个教师可能认为自己有能力做早教识字，但在教概念层面的数学时却认为自己能力不足。

班杜拉和其他人已经表明，一个人的自我效能在他如何对待任务、目标和挑战方面起着重要作用。具有强烈自我效能的人：

- 对活动产生更深的兴趣
- 更加致力于实现自我认定的目标
- 更迅速地从挫折和失望中恢复过来
- 明白有挑战是正常的，并采取措施来克服它们

相反，自我效能较低的人倾向于：

- 避免挑战性的局面
- 认为困难的任务和情况是超过自己能力的
- 专注于消极结果和个人短处
- 失去自信，并放弃努力

为了快速、非正式地评估自己在工作中的自我效能水平，请考虑图1.2中的问题，就教与学方面的效能记录你的初步想法。

笔记

图1.2　自我效能的自我评估

问题	想法和笔记
你觉得自己能解决遇到的问题吗？ **能　　不能**	
你对你实现目标有信心吗？ **有　　没有**	
你觉得你能够处理好突发事件吗？ **能　　不能**	
你在感受到压力的时候能很快地恢复吗？ **能　　不能**	
在压力下你能很好地管理自己吗？ **能　　不能**	
当事情变得困难时，你会继续尝试吗？ **会　　不会**	

如果你在自我评估中对许多问题的回答都是肯定的，那么你很有可能有相当强的自我效能感。如果你觉得你的自我效能需要提升，请针对图1.2中的一条陈述为自己制定一个目标。不积跬步，无以至千里。当你完成目标时，你会感觉很棒。因此，考虑哪个是可以实现的小目标，这样你就可以成功。请记住，成功是成功之母。

集体效能

与个人相信自己有能力确保学生取得成绩相类似，教师的集体效能是指教师群体对自己有能力确保学生获得学习成果的信念。因此，**教师的集体效能是教师们的一种共同态度：通过共同的努力，他们可以为学生带来改变。**产生教师集体效能也是有具体背景的，因为集体信念是由教师对自己教学能力的看法、对教育学生时面临的挑战的看法，以及促进学生取得积极成果所需要的支持所形成的。教师的集体效能“与团体的任务、努力程度、持久性、共同思想、压力水平和成就有关”。

学校是复杂的社会组织，教师、学生和行政人员之间的互动影响着学校这个组织的文化。文化是通过“行动、传统、象征、仪式和典礼的积累”向前发展的。由于这些因素的相互作用，在同一个学校工作的人可能会形成并分享某些看法。因此，教师的集体效能是在教职工对教学环境的集体分析和对自己教学能力的评估基础上形成的。这意味着集体效能的信念是可塑的，可以通过有意的行动来塑造：成功经验、替代性经验、社会性说服和积极的情绪状态。我们将在下面的章节中分别探讨教师集体效能的这4个来源。

集体效能来源 1：成功经验

教师的集体效能最有力的来源是成功经验。当团队体验到成功并将这种成功归因于他们可控范围内的动力时，他们的集体效能就会增加。团队每经历一次成功，就会相信并期待自己能够重复这种成功。正如这句话所说：成功是成功之母。

反之亦然，一系列的失败往往会削弱团队的效能感。这也可以通过“自证预言”这一概念来理解。自证预言是指对未来事件持有成真的信念和期望，即使我们自己都没有意识到我们持有这种期望。更简单地说，这是一个预言，因为我们的信念和期望在潜意识层面上影响了我们的行为，所以它所期待的成为现实。刻板印象威胁[①]和安慰剂效应[②]都是自证预言的例子。

我们可以看到，自证预言会影响我们的思想和行为——无论好坏。当我们相信自己时，我们更有可能以符合我们信念的方式行事，从而确认我们的信念，并鼓励同样的行为。同样，当我们相信一些关于他人的事情时，我们可能会以加强这些假设的方式实践。

自证预言会影响我们的思想和行为——无论好坏。

团队意识到，他们的信念和他们互动的性质是非常重要的。人们在描述学生时，是正向夸奖还是负向评价？为了减少负面思维和行为的循环，我们需要注意我们所假设的内容和我们与这些假设之间的互动关系。例

① 刻板印象威胁（stereotype threat）是个体经历的一种风险，处于该风险中的个体担心自己会验证所属群体的消极刻板印象。刻板印象威胁会导致个体行为上的表现下降和心理上的分离与不认同。——编者注

② 安慰剂效应（the Placebo Effect），也称伪药效应或假药效应，是指病人接受无效治疗但因“预料”或“相信”治疗有效，从而症状得到舒缓的现象。——编者注

如，如果一个教师说“这些孩子不学习”或“他们就是不在乎”这样的评价，就会向其他教育工作者传递信息，这些信息可能很容易被转移到现实中。无论我们是否意识到，我们的信念和期望会影响我们自己，也会渗入与他人的交流中。正如亨利·福特（Henry Ford）的名言：“不管你觉得自己能不能行，你都是正确的。”

消极的说话内容会影响现实，因此，团队有意识地注意并致力于监督自己的沟通模式是非常重要的。这样一来，团队就会增加拥有“成功经验”的可能性。“成功经验”包括制定共同的目标和合作参与学习活动。随着团队获得成功，团队会继续保持工作热情，教师们作为一个集体的信心和适应力也会增加。当教师们在专业学习社群+团队中一起工作时，往往会培养出成功经验。

建立“成功经验”的沟通和条件

我们不应认为，只要是团队的一部分，人们就一定知道如何有效地一起工作。人是团队的一部分。那些被要求作为一个团队一起工作的教师，如同一部门和同一年级，可能会觉得这些关系是由管理者设计出来的。他们可能会认为团队成员之间缺乏深度的情感交流。教师需要感到被支持，因为“情感特质在教学中无处不在”。

通过关注我们与同事之间的互动方式，可以促进更紧密的工作关系，增加参与成功经验的机会。然而，如果团队不愿意分享想法或信念，那么就没有希望获得成功经验，从而也就没有希望培养出教师的集体效能。

为了系统地组织会议，收获成功经验，明智的团队会清楚他们目前的沟通方式，并确定可以支持团队运作的改进方法。当团队的沟通效率低下时，就会加剧紧张关系，因此，定期的自我审查可以预防问题恶化。加斯顿（Garmston）和韦尔曼（Wellman）推荐了合作工作的7种规范来指导团队的互动：

1. 停顿
2. 解释
3. 探究特异性
4. 明示想法
5. 关注自己和他人
6. 拥有积极的心理暗示
7. 在宣传和调查之间寻求平衡

任何人都可以用这些技能来改善会议中的沟通，以及与他人交往中的互动。这些规范看似简单，而且是大多数人都有的技能，但加斯顿和韦尔曼说这很有讽刺意味，因为这些看似简单的行为在很多会议中都很少见。停顿和解释常常被忽略，特别是当事情变得紧张的时候。当成员自以为是地理解别人的意图时，就会忘记对细节的探究。这可能导致后续的混乱和复杂化。积极的意图会阻止成员判断他人。人与人之间的判断会催生阻塞的思维和消极的预设，而倡导、探究他人的想法，可以提高团体成员相互影响的能力。

花时间和精力建立共同的会议规范是值得努力的。这样做可以改善团队的沟通技巧，促进团队成员间的互动，使之产生成功经验。当这些合作工作的规范成为你的团队运作方式的一个既定部分时，凝聚力、能量和对共同目标的承诺就会大大增加。团队的集体效能也会随之增强。

反思你目前的人际沟通技巧。在图1.3中做好记录，并考虑如何加强它们以改善未来的关系。

笔记

图1.3　独立反思促进个人沟通的成长

合作工作的7种规范	我现有的技能	强化的方式
停顿		
解释		
探究特异性		
明示想法		
关注自己和他人		
拥有积极的心理暗示		
在宣传和调查之间寻求平衡		

来源：加斯顿和韦尔曼

现在，在图1.4中记录你想磨炼的7种合作工作规范中的一种。考虑与你的团队成员分享这一目标，以便他们能够支持你的工作。

图1.4　改善我的沟通

要改进的规范		
改进这个规范将如何改善你的个人关系？		
改进这个规范将如何改善你的专业关系？		
你如何知道你成功做到了？		

集体效能来源 2：替代性经验

集体效能的第2个来源是替代性经验。替代性经验是指由他人见证的情况；他们并没有直接参与到某种情况中，但他们看到并感受到了某种情况。班杜拉断言，观察与自己相似的人的成功会促使观察者相信他们也拥有掌握类似活动的能力。从本质上讲，替代性经验是指我们看到别人在面对挑战时取得成功的示范性事件。

替代性经验的来源很广泛，包括同事、教练、导师和其他许多人。重要的是，个人的学习并不“依赖于直接经验”。榜样提供的不仅是个人可以据此判断自己能力的社会标准。通过他们的行为，通过自言自语的思考，熟练的榜样传播知识，并教导他人如何处理和克服挑战。榜样起到鼓舞和激励的作用，重要的是，榜样还可以提高他人的自我效能。

提高自我效能可以对他人的思维方式、行为方式和相互关系产生深远的影响。当教师看到他们的同事面临类似的挑战并获得成功时，就会期望自己也能克服困难或挫折。重要的是，团队会讨论这些时刻，让大家一起感受事件的意义。通过这种方式，团队可以通过替代性经验来培养集体效能。

团队可以通过观察自己学校的其他人，观察与自己学校类似的其他学校的教师或团队，以及通过视频进行观察来获得替代性经验。重要的是，团队要对这些情况进行汇报，不要假设每个团队成员都会以同样的方式解释同一事件。以结构化的方式讨论这些事件是很有帮助的。

利用图1.5与你的团队合作，集思广益，讨论你所听到的关于个人（或团队）的好事情。也许学生们提到了他们在某位生物老师的课堂上是多么聚精会神、目不转睛；也许你已经听到学生们尽情畅谈他们有多喜欢3年级的老师，因为“她让学习变得特别有趣”。这些榜样是谁？有什么机会可以让你向你所在学校或附近学校的同事学习？在讨论和记录这些想法时，团队可能会意识到，他们可以获得大量的专业知识，这就获得了替代性经验。

图1.5　获得替代性经验

我们学校的人	我们知道的其他学校的人	使用视频的机会

集体效能来源 3：社会性说服

团队产生集体效能的第3种方式是通过社会性说服。谈到劝说，你会想到什么？你可能想到的是促使消费者购买特定产品的广告信息，而有些人可能会想到试图动摇选民对政治候选人的支持。说服是我们日常生活中的一种强大力量。

可以说服人们相信自己有必要的技能和能力来取得成功。

当我们谈到说服时，首先想到的可能是负面的例子，但说服也可以作为一种积极的力量来使用。社会性说服是一种影响的形式，在这种形式中，人们被鼓励采用一种想法、态度或行动方案。戈达德等人认为，**可以说服人们相信自己有必要的技能和能力来取得成功。**

说服是利用你的影响力，使某些人因为你的推理或你所提供的信息而改变他们的信念、想法或行动的能力。带着正直和真诚的意图使用说服技巧，使其在一个人的生活中产生积极的变化或改善群体的生活——这是一种自愿的选择而非操纵。劝说可以成为推动团体决策过程的杠杆。

恰尔迪尼（Cialdini）指出，拥有强大说服能力的人是那些有着强大沟通能力和情绪智慧的人。这些品质包括：

- 信守承诺
- 可靠
- 愿意承担责任

- 真诚、真心、诚实

回想一下给你鼓励和帮助你完成目标的人，将其记录在图1.6中。从导师或其他令人尊敬的人那里得到口头上的肯定，往往有助于人们克服自我怀疑。有了额外的鼓励，人们可能会付出额外的努力完成手头的工作。

笔记

图1.6 社会性说服

给我指导的人	我要指导的人
给我支持和帮助的人	我要支持和帮助的人
给我鼓励的人	我要鼓励的人

集体效能来源4：积极的情绪状态

集体效能的第4个来源涉及学校的情绪条件，它有时也被称为“组织的情绪基调”。情绪条件包括学校的文化，以及个人的兴奋感或焦虑感。对学校组织文化的关注是非常重要的，因为人们可能会根据学校的氛围来理解和内化具备能力或能力不足的感觉。

积极的学校组织文化能吸引人才、提升幸福感和满意度，推动大家的参与并影响人们的表现。它可以加强教育工作者之间的相互信任，并提供一个能够带来安全感的环境。在图1.7的第2栏中独立思考你的学校文化。你注意到了什么情绪和情感基调？这对你的团队的健康和运作意味着什么？你的团队可以考虑预留时间来探讨你对集体的想法，从而使得你有一个更细致的视角。在第3栏中记录的笔记可以帮助你的团队确定适当的下一步行动。

图1.7　有关学校文化的思考

学校文化	我的思考	我们集体的思考
对于学校文化，我关注到了什么？现在的动态是什么？		
我如何感受学校文化？		
我希望我们的学校文化听起来和看起来是什么样子的？ 对我来说，什么是积极的学校文化？		
为了我们团队的良好状态，我愿意做什么？		
这对我们的团队来说意味着什么？		
我可以采取的第1步是什么？		

当团队用图1.7中个人和团队的思考了解到关于学校文化的信息时，出现了什么影响？所分享的信息是否会迫使你采取行动？例如，如果团队发现有一个共同关注的问题，即学生在课间的行为，也许团队成员可以通过在课间多露面，以及每周与学生进行几次积极的互动来保证提供一些走廊上的教师关爱。积少成多，每个人都会从增强的学校组织文化中受益。

有人说，生活的10%是由发生在你自己身上的事情组成，而另外的90%则由你对所发生事情的反应来决定。当我们体验到我们所做的事情是重要的，是有价值的，并且我们的存在对他人有影响时，我们就会做得更好。可能我们内心知道我们所做的事情是很重要的，但从别人那里听到这些肯定也是很好的。毕竟，我们不是在真空中工作和生活。

由于教师是一个高度个人化的职业，如果我们没有围绕一个共同的焦点进行有计划的互动，就有可能使某些教师感到自己与学校里的其他教师隔绝了开来。相反，我们可以有意识地设计一个工作环境，让教师因共同的愿望而联系在一起，感到自己的独特性受到重视，并在会对他们产生影响的决策中拥有发言权。为了让人们真正互相了解，我们需要具体讲述我们如何以及何时感到被重视。其他人可能不知道我们具体的“爱的语言”，因此，与他人分享这些会增加团队间的凝聚力。使用图1.8来探讨被重视的价值。

教师的集体效能可以通过成功经验、替代性经验、社会性说服和积极的情绪状态来系统地培养。它并不只因为一栋楼里的教师每周聚在一起而发生。相反，明智的团队会努力积极地构建条件，使集体效能得以实现。他们关注并留意那些能促进学习的成功经验。正是在这些时候，团队在为类似跑步者的兴奋感做准备。当一个积极的学校组织文化促进他们的合作时，这一点会被放大。

图1.8　值得记录的时刻

在以下的空白处记录3个在工作时使你感到自己有价值的经历。描述当时的场景和结果，并选择一个与你的团队大声分享。

1.

2.

3.

助力高效教师团队

除了积极的学校文化之外，高效的团队还得到了5种能量来源的推动。建立这些储备使团队能够提高他们的效能和效率，为加强学生的学习效果铺平道路，并有时间来练习和完善技能。这些能量来源是：

- 小组效能
- 小组灵活性
- 小组技术
- 小组意识
- 小组独立性

使用图1.9—图1.13评估你的团队在5种能量来源上的现状。对支持或限制团队运作的事例进行观察和反思。考虑其影响，并指出团队可能会如何关注一个或多个组成部分。

笔记

图1.9　小组效能的组成部分

我的团队……	事例	增强、改进的机会
被共同目标激励并致力于实现共同目标		
有效管理了愿景和现实之间的紧张关系		
关注其拥有的资源，以取得最大影响		
从经验中学习，不犯同样的错误		

来源：加斯顿和韦尔曼

图1.10　小组灵活性的组成部分

我的团队……	事例	增强、改进的机会
尊重并利用团队的多样性		
集体分享观点并在必要时转变（观点）		
掌握多种思维和处理技巧		
倾向于用理性和直觉相结合的方式一起工作		
思考出并考虑多个选项以向前推进		
解决内部出现的压力		

来源：加斯顿和韦尔曼

图1.11　小组技术的组成部分

我的团队……	事例	增强、改进的机会
创造、校准并完善对自己的期望		
有效管理时间		
在打磨、投资过程工具上花费精力		
从新手到专家的荣誉之路		
不断回顾，并改进组内外的交流		

来源：加斯顿和韦尔曼

图1.12　小组意识的组成部分

我的团队……	事例	增强、改进的机会
意识到假设和经验阻碍了学习		
分享核心价值、范式和一个群体特性		
监督对团队期望的实现程度		
为决策制定标准		
有规律地客观反映进展和成果		

来源：加斯顿和韦尔曼

图1.13　小组独立性的组成部分

我的团队……	**事例**	**增强、改进的机会**
展望小组的潜力		
重视相互作用，信任对话进程		
优化关系和互联		
将分歧和冲突视为团队学习和转变的来源		

来源：加斯顿和韦尔曼

由于一个团体的能量受到文化因素和社会背景的影响，而这些因素又反映了经验和学习，明智的团队会关注这些因素之间的互动。一个团队的运作也是在学校的大背景下进行的，学校的背景文化可以促进或阻碍教师的成长。学校文化的形成在很大程度上取决于该学校员工的信仰体系。

在接下来的章节中描述的集体效能循环提升了教师的表现，并为专业学习社群+团队系统地培养集体效能定义了一条途径。

在下一节中，让我们重新审视一下本章开头的小故事。在改进后的观点的指导下，集体效能为4年级的教师团队提供了动力。

笔记

情境2：更巧干，而不是更实干

4年级教师迪娜在一个星期二的早晨来到学校。把教学包放在教室后，她来到4年级教师朱丽娅的教室。迪娜很担心，因为她班里的很多学生对她昨天讲的因果关系反应不佳。她知道这一点，因为她和其他4年级老师一样收集了教学成果的形成性评估。放学后，迪娜给朱丽娅和翠西发了短信，问她们是否可以在第2天早上见面，比较下每个班级的数据。她们同意了迪娜的建议，并决定第2天早上在朱丽娅的办公室见面。

在15分钟的会议中，3位老师共同分析了评估的数据，她们认识到，翠西班级的25名学生中有22名昨天明白了因果关系。迪娜和朱丽娅问翠西是否愿意分享下她是如何给学生们讲授这门课的。“哦，当然，完全愿意，”翠西回答道，“给你们看看我是如何设置小组教学和合作小组的。”

在这个增强版的体验中，迪娜、朱丽娅和翠西之间没有竞争。取而代之的是对学生学习的关注，因为这个团队利用形成性信息来确定她们的教学效果，以及如何调整以确保学生获得学习成果。作为这种合作的结果，团队的思维和行动更紧密地联系在一起。这种讨论学生学习和共同学习的意愿产生了教师的集体效能。

回顾第1章：我们学到了什么

团队真棒！你已经到了第1章的结尾，我们希望你能够同意这样的观点：团队合作会实现梦想。与其只是等待和希望出现集体效能，团队可以通过积极创造条件来培养集体效能，从而更巧干。贡献一个成功经验或者是间接接触一个成功经验，可以使团队充满活力，并且更加紧密。会巧干的团队也会互相激励。他们关注自己所处的社会环境，主动培养积极的情绪，加深对彼此关系的信任。

笔记

第2章

确定共同挑战

章节综述

我们鼓励教师团队为一个共同的目标或挑战而工作，这样他们就有了一个集体目标。共同挑战由团队内部决定，因为团队使用既定的数据规程检查学生的成绩和/或健康信息。共同挑战不应由团队以外的人——如校长或地区领导——强加给团队，这样做可能会影响到团队成员的承诺。当教师团队觉得在学校改进措施方面没有被征求意见时，他们可能会减少对这些方面的投入。相反，当团队成员确定并同意一个共同挑战时，每个人都更有可能努力去完成它。

当教师团队觉得在学校改进措施方面没有被征求意见时，他们可能会减少对这些方面的投入。

教师学习是一个终身过程——学习不应该止步于学位或一纸证书。

在本章中，团队将被引导通过一个过程来确定一个值得花时间并会积极影响学生学习成果的共同挑战。共同挑战是团队商定的、推动团队工作的实践问题。图2.1中显示的创新配置描述了确定共同挑战的理想状态，供团队在借助本章进行工作时加以考虑。

在每个集体效能循环之初，我们鼓励你对个人学习进行反思。重要的是要认识到，教师学习是一个终身过程——学习不应该止步于学位或一纸证书。就像医生在行医过程中不断从医学的进步中学习一样，我们也应该继续从教育研究的进步中学习。

图2.1　确定共同挑战的创新配置图

1：理想状态	2：较理想状态	3：初始状态
团队确定一个符合以下所有标准的共同挑战	团队确定一个符合以下大部分（50%—99%）的成功标准的共同挑战	团队确定一个符合以下部分（0%—49%）成功标准的共同挑战
共同挑战是： • 依靠数据 • 被普遍认可的 • 可观察的 • 可执行的、有说服力的 • 获得团队每个成员的认可		

情境 1：更实干，而不是更巧干

阿尔塔维斯塔小学的校长汤姆（Tom）认为，教师应该定期合作，以提高学生的成绩。他设计了一个时间表，每周为每个年级的教师团队提供60分钟的共同合作时间。他认为，能有共同合作的时间很奢侈，因为当他还是老师时，在工作日没有任何时间与同事合作——他必须自己做所有的事情。现在，作为校长，汤姆雇用了更多教师来为学生们讲授艺术、音乐和体育方面的课程，这样各个年级就有了计划和合作的时间。汤姆认为，这样的安排将使教师有时间做出基于数据的决定，从而提高学生的成绩。

既然全校的重点是写作，汤姆希望每个年级都能对学生的写作进行讨论，并确定改进的方法。汤姆向4年级的老师们强调，学生的写作尤其关键，因为每年都有美国规定的4年级写作测试。汤姆非常担心，因为在去年的写作测试中，只有35%的4年级学生达到了熟练程度，比前年的43%有所下降。教学主管对此不满意，并向汤姆表示，今年的分数最好有所提高。

根据日程安排，每周四下课后，4年级的老师们会在一间空教室里开会，该教室用于专业发展。“我们今天应该做什么？我们应该带什么东西吗？”其中一位老师阿什利（Ashley）问道。丹（Dan）回答说：“汤姆想让我们练习教授写作，但我病了两天，加上代表会的事情，我还没有时间练习。”第3位老师塔姆拉（Tamra）保持沉默。她一直致力于让学生学习包括文本在内的材料，从而加强他们的写作技能。但根据经验，她知道如果她说出来，阿什利和丹很可能会指责她是一个“假正经”的人。在接下来的60分钟里，阿什利、丹和塔姆拉围坐在桌边，但各自的计划都是独立的。

笔记

当你的团队每个季度一起经历集体效能循环时，除了基于证据的实践之外，你也可以自己学习。在图2.2中记下你自己的学习兴趣。有没有什么特别的领域是你想要学习的？也许你听说过恢复性实践，但想知道更多。也许你想在检查理解时提高你的技能。

图2.2　值得记录的时刻

关于学生的学习进步和成绩，我注意到了什么？我有什么学习兴趣？我自己应该学些什么？我能和同事一起学些什么？我的或我们的第1步是什么？

为什么团队需要目标

在教育和生活中，好的结果总是源自一个目标：一个团结队伍的共同挑战。在一个团队中，共同挑战是一根锚，为工作打下坚实基础，同时为团队成员创造发掘潜力的条件。这些都是发展集体效能的有利条件。没有共同挑战，团队学习的效率就会降低。我们既想而且也需要知道我们如何能够为推动学生学习做出贡献。当考虑用一种新的策略来促进学生的学习时，我们经常问自己这些问题：

- 目的是什么？
- 我需要完成什么？
- 我如何做？
- 我正在做什么？

牢记这些问题，我们的团队必须讨论这些问题中的每一个如何由个人以及团队来回答。通过这些讨论，我们的团队决定进展和监测是什么样子的。如果要收集学生的作业作为实证，那么将如何以及何时进行？共同挑战是将我们凝聚在一起的黏合剂：它提供了目的和方向。一个明确的共同挑战使我们能够监测我们的策略实施情况，在必要时进行调整，并与同事比较我们的实施手法。从本质上讲，我们的学习帮助我们的团队把反思变成公开的对话。如果没有共同挑战的黏合剂，我们团队对策略的承诺很可能会被削弱。

数据收集

集体效能循环的第1步是以学生学习和/或成绩的评估数据为指导。共同挑战是在使用学习证据分析学生当前的成绩水平后确定的。重要的是，团队不能根据观察到的少数学生的需求来概括全班的需求。相反，团队应该合作决定收集和分析哪些学习证据。这种证据的来源包括正式评估、基准评估、学生访谈、测试、小测验和/或活动，以及学生的声音或观察数据。

我们鼓励各小组收集多个证据——即使有些数据是重叠的，因为这样可以更全面地了解一个学生或学生群体。可以从4个方面收集证据：

- 和学生的交谈
- 观察到的信息
- 学生的学习成果
- 形成性评估和/或总结性评估

使用图2.3记录你对团队当前数据收集和分析实践的想法。记录要具体，详细的信息有助于团队做出更好的决定。

用图2.3中反映的信息开始与团队讨论收集和分析数据的实践。在图2.4的“我的想法”一栏中做笔记，然后在集体讨论团队的想法时填写“我们共同的想法”。在决定团队的下一步行动时，你可以据此参考。

图2.3　对当前数据收集和分析实践的独立思考

问题	我对当前实践的想法	我对改进当前实践的思考
我们的团队可以获得哪些评估？我们使用什么工具？		
作为一个团队，我们讨论哪些评估或共同评估？		
我想从同事那里学到什么？		
我们的团队如何辨明学生已经知道了什么？		
我们用什么方式收集关于学生的能力、兴趣和天赋的信息？这些信息有什么用处？		
学生的想法和声音在我们分析数据时起到什么作用？		

图2.4 聚焦于数据收集

问题	我的想法	我们共同的想法
我们收集这些数据的目的是什么？		
什么数据来源会帮助我们回答学生现在的学习水平这个问题？ • 同学生交谈 • 观察到的信息 • 学生的学习成果		
何时收集行动前后的信息？		

团队数据收集

一旦团队就目标和数据达成一致，就可以确定时间表，并在图2.5中注明负责的人员。这将确保在下次会议上提供数据，并易于查找。

图2.5　数据收集计划表

所需数据	负责人	所需数据

数据分析规程

一旦团队收集到足够的数据，下一步就是对数据进行分析，以确定前进的可能步骤。在数据分析过程中，分析遵循的规程通常是能让你的团队保持专注和高效的强大资源。

我们很容易——而且这有时也很诱人，会偏向于那些不会影响学生成绩或幸福的话题。一个规程可以帮助团队避免偏离会议目的，即发现学生知道什么，不知道什么。以下是改编自美国国家学校改革委员会的数据检查规程，当团队在确定学生需求的基础上需要确定一个共同挑战时，这个规程可能会有帮助。

数据检查规程

建议时间：45分钟

目的：该规程用于指导一个小组通过分析数据来确定优势和共同挑战。

材料：为小组成员准备数据副本、荧光笔、图表纸，以及图2.6和图2.7的笔记指南。

支持激活的核对清单

- 使用多种形式的数据
- 证据和研究为决策提供依据

支持激活的样本问题

- 今天我们如何使用多种形式的数据促使我们达成决定？
- 什么样的循证调查会影响我们做决定？
- 还有什么其他因素可能会对数据有影响？

- 这些数据如何佐证我们现在所想的事情？
- 这些数据如何打断我们现在所想，为什么？

开头样句

- 这些数据和我原先想的有所不同，因为……
- 为什么数据显示 ______，一个可能的原因是 ______。

开始：回顾数据（3分钟）

第1步：这些数据的哪些部分吸引了我们的注意？要实事求是。（10分钟）

用两分钟的时间写下个人见解，用8分钟的时间进行小组讨论。

第2步：数据告诉了我们什么？数据没告诉我们什么？（10分钟）

用3分钟的时间做笔记，用7分钟的时间进行小组讨论。对数据进行推断。组织者鼓励团队成员用数据中的证据来支持自己的陈述。

第3步：有什么好消息值得庆祝吗？（用5分钟来确认好消息）

组织者要求小组在数据中寻找成功的迹象。

第4步：根据数据可以得出哪些可能的共同挑战？（10分钟）

用3分钟的时间写下个人的实践想法，用7分钟的时间进行小组讨论。组织者帮助小组将可能的共同挑战清单缩小到不超过3个。

第5步：关键结论是什么？（5分钟）

确定在下一个规程中谁将呈现每个共同挑战。这就为下一个规程奠定了基础，即为团队商定一个共同挑战。

来源：改编自美国国家学校改革委员会

笔记

图2.6 数据分析规程中的笔记

问题	我的想法	我们共同的想法
第1步：这些数据的哪些部分吸引了我们的注意？要实事求是。		
第2步：数据告诉了我们什么？ 数据没告诉我们什么？		
第3步：有什么好消息值得庆祝吗？		
第4步：根据数据可以得出哪些可能的共同挑战？		
第5步：关键结论是什么？		

图2.7　确定可能的共同挑战的笔记

可能的共同挑战	谁来把这个挑战呈现给小组?

共同挑战规程

如果对学生当前的能力水平、优势领域和需要改进的地方有所了解，你的团队就可以确定一个共同挑战。使用图2.8所示的质量检查表来监测要调查的共同挑战的进展。

图2.8　共同挑战的质量检查表

- ☐ 共同挑战是否以数据为基础?
- ☐ 共同挑战是否可观察、可行动?
- ☐ 解决这个共同挑战是否能对学生的学习和/或成绩产生巨大影响?
- ☐ 对于共同挑战，有什么是团队很好奇的吗?
- ☐ 共同挑战可否调动团队的积极性，激励每个成员加入其中?

笔记

如果专业学习社群团队制定了一个高质量的共同挑战，那么在应对该共同挑战的过程中，要实现有效和高效的进展，你需要对自己的工作做调整。这种调整过程有助于避免共同挑战过大或过宽，避免在一个挑战中包含太多的内容，或范围过大，超过团队限制。

共同挑战调整规程

建议时间：每个可能的共同挑战最多用时25分钟。

目的：有时候，专业学习社群+团队作为一个整体会有一个共同挑战，但有些时候，个别成员会寻求同事的支持。以下规程可用于探讨两个层面的共同挑战。

材料：组织者需要整合或委托他人收集所有材料，如图表、荧光笔、便签纸和其他材料，来参与接下来的规程。

开始：为这项规程确定组织者，并指定一个计时员；如果需要，还可以指定一个记录员。因为组织者正在协助团队推动讨论，因此，我们建议组织者不要同时担任主持人的角色。

第1步：演讲者分享并描述共同挑战。（5分钟）

- 共同挑战从何而来；谁参与了对共同挑战及它与数据的关系的确定？
- 其他学校或地区为解决某一问题所做出的努力的背景情况

第2步：团队成员提问事实澄清性问题。（5分钟）

第3步：演讲者先安静一会（保持沉默8—10分钟），团队成员提供：

- 热烈的反馈。根据标准和潜在的挑战清单，共同挑战在哪些方面使他们认为会很好地满足学生的需求？
- 冷静的反馈。对共同挑战的关注或建议，包括修改的建议
- 拓展。演讲者没想到的，但可能支持专业学习社群+目标的事情

第4步：演讲者重新开始一般性讨论（25分钟的剩余时间），包括：

- 演讲者的回应和对事实的澄清
- 团队成员的反馈，主要关注共同挑战，而非针对个人；这不是对个别教师的评价，而是应对共同挑战的集体头脑风暴
- 所有参与者对他们所学到的知识进行反思

第5步：重复共同挑战规程，讨论下一个提出的挑战。

笔记

就共同挑战达成共识

在讨论了所有可能的共同挑战后，现在可以就推动团队的调查周期达成协议了。

第1步：考虑可能的共同挑战。

- 各自的相关优势和障碍是什么？
- 每项可能的挑战在图2.8中评分如何？

第2步：提出一个共同挑战。

- 成员们制定一个拟议的共同挑战，对其进行修正，以反映讨论情况。
- 成员们共同解决问题，并对提议的共同挑战进行微调。
- 是否同意：

1. 我将完全支持我们的调查周期，调查这一共同挑战。

2. 我支持我的同事的决定。

3. 我不会阻止这一决定。

组织者问："对于我们选择的共同挑战，你们还有其他问题或担忧吗？"如果没有进一步的讨论，那么我们就已经达成了共识。如果有担忧，那么提出担忧的人通过重复第1步和第2步重新进行审查。

第3步：使用加/减法系统对过程进行汇报。在图2.9中记下未来过程的改进措施。

- 该小组哪些方面做得好？
- 哪些方面可以改进？

笔记

图2.9 汇报进程

在这个调查周期，我们的共同挑战是什么：

日期：

关于未来改进的注意事项：

第4步：计划收集实证。

当团队已经确定了共同挑战时，你就可以制定或采用一个共同评估，将其作为初步评估和后期评估（见图2.10）。或者，你可以同意收集另一种类型的证据，如写作样本、自我评估数据或词汇表。参与集体效能循环的团队可以包括教授不同科目或年级的教师。关键在于他们有共同挑战的目标，并能收集有关他们努力产生影响的证据。一个跨部门的团队可以收集学生的写作，以反映学生在英语、科学、历史和技术科目中接受的关于写作主张、证据和推理论文的指导。一个跨年级的团队（例如，3年级、4年级和5年级的教师）可能想关注3年内学生在词汇学习上的发展情况，以了解教师的努力对学生学习产生的影响。有时，团队会创建自己的评估；还有些工具可以用于此目的。收集证据可以让团队衡量努力产生的影响，并监测学生的进步和成绩。

图2.10　初步评估和后期评估计划

初步评估和后期评估	日期、时间和地点：
	所需资料：

基于学校数据讨论的说明

集体效能循环是强大的，因为它是由教师团队共同决定的。这标志着一种观念上的转变，即必须正式委托以学校为基础的数据团队分析数据，并为学校社区发布长期计划。虽然以数据为基础做出决策以改善学生学习这一目标是好的，但通常会落空，而且往往很快就难以维持。根据哈佛大学教育研究生院的研究员希瑟·希尔（Heather Hill）的说法，总结10个关于团队数据讨论的研究后可以得出，“（团队数据讨论）在让教师变得更有成效、了解学生未能掌握的内容以及改变自己的教学方式方面不能产生任何影响”。

以数据为中心的讨论会有一种问题倾向，即好心的教师会将学生的低成绩合理化，并为之辩护。在看完总结性的评估后，教师可能会做出这样的评论：“胡安（Juan）在测试的那一周过得很糟糕。这是他在测试中表现不好的原因”“这个测试设计得很差，因此孩子们不能展示他们所知道的东西”。虽然这些说法可能是真的，但在团队讨论数据、对数据进行解释后，教师并不愿意在课堂中做出改变。事实上，数据小组花了大约85%的时间关注学生为什么表现得好或不好，只有15%的时间关注他们可以采取哪些改善学习的行动。此外，小组的谈话往往偏向于影响力有限的策略，例如，使用工作表或与学生尝试不同的活动。教师和管理人员经常感觉时间不够，因此他们采取权宜之计。

教师不仅不能从这些以数据为中心的会议中获得高效的教学策略，还浪费了宝贵的时间。出席一场没有结果的会议，教师就会失去很多对学生需求做出反应的机会。与其在以数据为中心的对话中敷衍了事，不如更好地利用这个时间参与更有意义的对话，反思自己的教学实践。例如，教师可以通过微观教学环节讨论高质量教学的真正含义，在这个环节中，教师可以分享一个视频片段，并讲述每个教学动作所代表的思想。当然，这些讨论应该包括工作样本和其他相关的学生学习证据。

虽然就教师们的宝贵时间来说，以数据为中心的会议不是最佳选择，但这并不是说我们不该看数据。更有意义的做法是为教师提供时间来分析学生的成绩，引导他们自我反思，将对话集中在为确保学习需要做的事情上。

加强团队导向的学校

一组教育工作者专注于一个共同的目标，是集体效能循环模式区别于其他合作式专业学习经验的原因。共同目标是团队成员分配资源和时间来实现目标的驱动力。目标是必不可少的，是团队对改进领域的公开承诺。但如果目标是由外部机构或当局强加给团队的，那么效果就不会很好。在这种情况下，由于教师感到自己缺少所有权，他们对目标的承诺就会减弱。相反，当团队成员制定一个共同目标，并就其达成一致时，每个人都更有可能采取步骤来实现这个目标。

笔记

情境2：更巧干，而不是更实干

阿尔塔维斯塔小学的校长汤姆认为，教师应该定期进行合作，以提高学生的成绩。为此，他和学校的教学领导小组研究了教师合作的价值，并共同决定如何安排教学时间来支持团队合作，改善学生的学习成果。这些对话的成果是，学校聘请了更多的艺术、音乐和体育教师为学生提供相应的课程和训练，以保障各年级之间能有时间进行计划和合作。汤姆和教学领导小组随后制定了一个时间表，为各年级的教师团队提供每周60分钟的共同合作时间。

每周四下课后，4年级的老师们都会在一间专业学习教室开会。当他们到达教室时，教室里已经有一台投影仪和其他供团队快速使用的材料，如图表纸、记号笔、便签和学区既定的进度指南。团队已经知道今天的议程，因为阿什利在周一已经提供了草案，并征求了丹和塔姆拉的意见。然后，她确定了最终的议程，并将其上传到团队可以访问的共享文件夹中。

今天，阿什利、丹和塔姆拉带来了学生们关于极端天气的信息型写作作业，因为这是团队在上周的合作会议上确定的主题。他们正在阅读对方班级学生的作文，并按照既定的标准检查。这时，汤姆走进了房间。“嘿，各位，这周的写作情况如何？当我参观你们的课堂时，我注意到孩子们至少用一种资料来写极端天气。这真是太酷了！而且，我在塔姆拉班上看到学生们结成伙伴一起编辑。每个学生都有自己的标准检查表。我对孩子们如何指导伙伴添加更多的细节或改进组织语言的方式非常震惊。你们在阅读孩子们的作文时发现了什么？”

回顾第2章：我们学到了什么

团队真棒！现在你们已经使用数据确定了一个共同挑战，你的团队开始以系统的方式培养集体效能了。

思考你觉得有效的具体团队行动，并在图2.11中注明。在这项反思中，与共同挑战有关的问题包括：

- 我们是否收集了初步评估数据？
- 我们是否确定了学生的优势和需求？

图2.11 数据分析规程中的笔记

问题	我的想法/集体效能的程度
掌握经验：我们的团队在哪些方面取得了成功？ 找出我们熟练工作的具体例子。	1 2 3 4 5
信任：在确定共同挑战时，团队成员之间是否存在信任感？ 举出信任感很强的例子。	1 2 3 4 5
问题解决：我们是如何一起解决问题的？ 描述团队成员何时以及如何互相支持。	1 2 3 4 5
价值导向：当面对一个问题时，我们是否坚持了价值导向的立场？ 注意团队需要关注学生特长、兴趣和背景知识的情况。	1 2 3 4 5
效率：我们是否遵守了达成的共识并合理利用了时间？ 记录卓有成效的团队会议。	1 2 3 4 5
积极的情绪：我们会议的主旨/情绪基调是什么？ 描述团队成员互相支持以保持乐观态度的例子。	1 2 3 4 5

第3章

构建教师的知识与技能

章节综述

现在，团队已经确定了一个共同挑战，我们将注意力转向我们的学习。在这个章节中，团队成员要对自己作为学习者的身份进行反思，并参与到团队指导的体验中，以获得知识，提升专业技能。

重要的是，要认识到教育工作者的学习是一个终身学习的过程。我们并不是简单地年复一年地重复做同样的事情。10年的教学经验并不是把一年中的教学情景重复10次。随着我们与学生相处、与同事工作的经验增加，我们也在学习、成长和改变。图3.1中的创新配置体现了当团队通过集体效能循环工作时，学习循证实践的理想过程。

图3.1 构建教师的知识与技能的创新配置图

1：理想状态	2：较理想状态	3：初始状态
团队通过满足以下**所有**标准来学习专业技能或策略。	团队通过满足以下**大部分**（50%—99%）成功标准来学习专业技能或策略。	团队通过满足以下**部分**（0%—49%）成功标准来学习专业技能或策略。
一项教学技能/策略通过以下方式得到进一步的提升： ●（参考）由知名人士发表的循证实践调查 ● 选择一种循证实践来应对共同挑战 ● 专业阅读 ● 团队讨论 ● 支持实践完成的示范和思考		

有些时候，我们会感觉到教师的需求和行政人员的需求之间存在脱节。有可能这两个群体都想达到同样的目标，但文化规范和无效的沟通使他们无法达成一致。在下面的小故事中，你会了解到在贝赛德中学里教师和管理者对专业发展的两种不同看法。教师们希望利用专业发展时间来处理进度报告，而管理人员则希望教师们学习成长型思维方式。你可以考虑如何处理这种情况，以便在如何最好地利用专业发展时间来满足每个人的需求方面达成共识。在本章结尾部分，我们展示了一个最新案例，说明这所中学的专业发展时间在经过轻微调整后是什么样子。

笔记

情境1：更实干，而不是更巧干

现在是10月一个星期三下午的一点半，距离提交进度报告的截止日期还有1周。7年级英语教师莉莉（Lily）、卢尔德（Lourdes）和柏布（Barb）正前往他们学校的多功能厅参加专业发展会议。每个季度都有两个小时的强制性培训，根据周一下午电子邮件发给他们的信息，今天是关于拥有成长型思维的培训。去往会议的路上，莉莉说："嗯……我真的不知道为什么我们必须现在就做这个。进度报告下周就要提交了。难道他们不知道阅读170名学生的论文需要多长时间吗？"其他老师点头表示同意，他们也希望能利用接下来的两个小时给学生的论文打分，并开始做进度报告。他们在自己的座位上坐定，准备再开始一次"坐而论道"的专业发展会议。

与7年级英语教师形成鲜明对比的是，学校的管理人员对当天的专业发展会感到兴奋。他们参加了一个提倡拥有成长型思维的培训，这场培训非常精彩。因此，他们与外部顾问签订了合同，把专业发展培训带回学校。管理人员确信教师们会很喜欢这样的培训，并希望教师们立刻在课堂上加以应用。管理人员在介绍演讲者时兴高采烈，但当他们发现教师们对演讲者所说的成长型思维并不感兴趣时，热情开始减退了。教师们并没有失礼，但他们的肢体语言已经表明了他们不感兴趣。

两个小时以后，专业发展会议结束了。没有教师想要问演讲者问题，他们也没有在多功能厅中逗留。莉莉、卢尔德和柏布从那里走出来，一同向停车场走去，同时讨论着专业发展会议——他们认为那就是在浪费时间。另一个小组的教师也结伴来到停车场，也在讨论着他们自己的话题。对于这所中学的教师来说，停车场就是他们批判专业发展会议的地方。

同时，在学校办公室里，管理人员对教师在整个教学活动中缺乏热情感到沮丧。他们觉得，这是教师对学生需求漠不关心的又一个例子。管理人员的结论是，教师们因循守旧，这次的课程是对金钱的巨大浪费。

多年的自主教学

在通常情况下，新手教师被期望着能依靠自己的力量成为好教师。在入职的前几年里，当教师找到自己的立足点时，往往没有获得辅导或其他支持。那些坚持下来并成为有经验的教师的人，会得到额外的独处时间作为奖励。这种额外的独处时间虽被视为教师权利，但也限制了其得到成长、支持和认可。虽然独处或许可以培养个人创造力，但也剥夺了教师与同行进行合作的机会，还可能让教师失去在整个职业生涯中获得支持和改进的机会。更重要的是，独处剥夺了教师（获得）的认可，而这种认可只能来自那些在他们的工作现场并准备对其进行评估的人。

教师很难在工作的同时进行教学和观察；一位教师可能在超过35年的时间里都没有真正看到自己最好的成果。由于教师们很少有机会互相观摩教学，他们自己的经验可能会使他们忽略对新的或不同策略的尝试。如果缺乏对某一特定策略的共同理解，两位教师可能会认为，他们在以同样的方式实施这一策略，但事实却并非如此。如果没有观察和对话，这种误解往往会继续蔓延。这种对彼此所做的教学工作缺乏共同理解的情况限制了教师的职业成长。

随着经验的积累和技能的提高，教师的成长必须得到他人的认可，包括同行和行政人员。如果教师的成长不被重视或认可，我们就有可能将“教师”的工作视为一份没有前途的工作。教师们仍然会关心学生，但他们可能也会觉得专业发展培训会议和学校的其他改进工作都是在浪费时间。如果学校有倦怠或士气低落的情况，那么这种现象会进一步加剧。疲于奔命或处在疲惫边缘的教师需要实质性的支持。鉴于教学的复杂性和自主权的规范，许多教师很可能没有得到必要的支持，从而无法充分发挥自己的潜能。他们可能会感到孤立和孤独。很明显，单独工作的弊端远远超过了其好处。

如果教师的成长不被重视或认可，我们就有可能将“教师”的工作视为一份没有前途的工作。

两位进行合作的教师可以促进彼此事业的发展。与他人一起工作往往是令人振奋的——大家有着共同的目标，面临着许多相同的挑战。此外，一起工作的教师往往会在教学中获得更多的掌控感。人们越来越认识到团队合作的好处。很明显，成功的教学是一种共同的成就。

用于学校改进的最重要资源就在我们的课堂上：教师。为教师们提供研究、合作和分析教学的时间，可以促进专业实践和学生学习。此外，在一起工作时，教师们往往能在学校获得所需的专业支持。

为教师们提供机会，让他们得以定期讨论学生学习和反思教学策略的学校，往往能培养出超越同理心的支持性文化（图3.2）。在这种情况下，团队成员相互支持和指导，并在学生学习有困难时进行合作，确定解决方案。一个团队的成员在一起工作，共同承担教育学生的责任，更有可能让所有人全身心投入。

图3.2 值得记录的时刻

你了解同事的课堂教学实践及情感环境吗？你从亲身经历中了解到了什么？或者你的了解是由他人告知的吗？你想了解什么？

循证实践

虽然教师们对学生使用各种教学方法，但有些方法比其他方法更有效。策略的强度是由已发表的、针对学生进行的学术研究来衡量的。虽然几十年来，教育工作者一直可以读到学术研究成果，但要使其更有实践意义可能是一个挑战。不过近年来，这些信息已经以电子数据库的形式免费公开传播，用户可以轻松搜索、分类和过滤研究成果。

值得注意的是，尽管“研究”和“循证实践”这两个词有时可以互换使用，但两者之间是有区别的，而且两者的目标也不同。

研究用于调查，研究结果被添加至现有实证之中。相反，循证实践是由最有力的证据评估决定的。这意味着，只要点击几下，我们就能获得证据。教育工作者现在可以找到那些可能会加速学生学习的循证实践。我们将向教育工作者推荐两个权威的、可以找到循证实践的来源：可见的学习数据库（Visible Learning MetaX）和有效教育策略资料中心（What Works Clearinghouse）。如图3.3所示，它们都符合严格的标准，提供了不同的资源。

图3.3 寻找循证实践的数据库

可见的学习数据库	有效教育策略资料中心
• 视频 • 在线研讨会 • 金纸 • 白纸 • 信息图 • 工具	• 练习指南 • 在线研讨会 • 教程 • 信息图 • 视频 • 工具

当可见的学习数据库和有效教育策略资料中心提供基于证据的实践时，其他资源也可以帮助你的团队进行学习和计划。重要的是过程需要落实，这样团队就可以评估材料的质量。与学习日志非常相似，图3.4为团队提供了一个记录他们的学习情况和下一步行动的地方。

笔记

图3.4　学习日志

探讨的问题	资源	学到了什么？	进一步的问题/措施

安排专业学习时间

学校以多种方式为教育工作者的学习安排时间。例如，有些学校安排每天的日程表，让教师们在工作日内一起计划开会的时间。校区可以雇用代课教师，从而让教师们在学习小组中会面或对同行进行观察。其他地区则为教师提供在正常工作日之外学习的津贴。学区可以“储存”时间，允许教育工作者缩短工作日，并将多余的时间用于专业发展。虽然大家都知道教师有专业学习的需要，但教师经常被要求参加专业发展的活动，而这些活动又与他们在课堂上的日常需要脱节。相反，有效的专业学习可以通过坚持关键的设计元素来计划和实施，从而提高教师的实践能力和学生的成绩。

有效专业学习的7个设计要素

提升教学实践和学生成绩的有效专业学习需要的不仅仅是黑巧克力和健怡可口可乐。对待学生也是如此，通过奖品和其他物质奖励无法让学生走得更远。学习政策研究所将有效的专业发展定义为“有组织的专业学习，实现教师知识的增加和实践行为的改变，以及学生学习成果的提高”。此外，该组织对几十年来发表的教育研究进行了严格的调查，以确定和阐明有效专业学习的具体特征。通过分析，作者认为，有效的专业学习有7个设计要素：

1. 专注于特定的学科
2. 通过积极的学习策略让人们参与进来
3. 提供有效实践的模式
4. 支持合作

5. 提供指导和专家支持

6. 提供反馈和反思

7. 持续进行

成功的专业学习模式通常同时包括这7个要素。当这种模式得以有效执行时，精心的专业学习经验可以促使教师实践和学生成果得到理想的转变。专业学习社群+团队是专业学习模式的一个例子，它包含了学习政策研究所确定的许多（如果不是全部）设计要素。此外，集体效能循环是团队通过设计和实施自己的专业学习方案来利用其专业知识的一种方式。在设计专业学习方案时，团队应该考虑到学习政策研究所在图3.5中推荐的设计要素，以及在传统专业发展实践中需要避免的误区。

图3.5　专业学习的7个要素以及要避免的误区

设计要素	说明与关键之处	避免出现
1. 专注于特定的学科	学习的重点是教师教授的内容。 • 嵌入工作式的学习 • 在教师课堂及当前学生背景之下进行	笼统的专业发展。 • 专业发展由外部人员提供 • 专业发展脱离了教师课堂或学校环境
2. 通过积极的学习策略让人们参与进来	专业学习涉及教师学习的内容和方式。 • 利用教师的经验作为新学习的资源 • 教师根据自己的兴趣和所需选择学习机会 • 利用真实的成果，如学生的工作成品，来辅助教师构建完善其实践的学习	“坐而论道”式的专业发展。 • 被动学习 • 忽视教师以前的经验 • 新策略完全是旧策略的延伸

续表

图3.5 专业学习的7个要素以及要避免的误区

设计要素	说明与关键之处	避免出现
3. 提供有效实践的模式	为教师提供实践的视野。 ● 提供课程模型 ● 提供教学模型 ● 提供专家支持和指导	教师参考课程指南寻求帮助。 ● 与使用材料和专家支持的教师相比，只使用课程材料的教师所教的学生成绩更差
4. 支持合作	在相互信任的环境中，合作工作为探究和反思奠定了基础。 ● 年级、部门和学校层面是团队共同解决问题和学习的基础 ● 提高系统的公平性	孤立的个人主义工作。 ● 一切照旧的工作方式 ● 专业发展单一或孤立
5. 提供指导和专家支持	专家（尤其是同时从事教育工作的）在指导和支持教师方面发挥着关键作用。 ● 策略建模 ● 支持分组处理和讨论 ● 促进学生学习的合作分析 ● 提供指导（可以在老师的课堂上进行）	教师只靠自己实施新的课程、工具和方法。
6. 提供反馈和反思	教师有时间思考和调整自己的实践。 ● 特别留出反馈和反思的时间	提供给教师的反馈有限或与教师的学习需求不一致。 ● 反思可有可无
7. 持续进行	有意义的专业学习能带来实践上的改进，但这需要一定的时间。 ● 专业学习是严格的、累积的，并围绕一组概念或实践组织起来 ● 学习可能会持续几周、几个月，甚至更长的时间，因为教师将不断应用和完善自己的实践	专业发展不能为教师提供深入学习所需的时间。

如果我们真的想改善教学和学习，当务之急是让教育工作者有发言权，为学校改进工作提供意见。当教师反思自己的教学实践和学生的学习需求时，由他们共同确定的专业学习是最有效的。当教育工作者与他们的同事一起参与专业学习的时候，他们可以互相学习，互相支持，并要求彼此对所学知识的应用负责。整个学年的学习使教育工作者更容易即时实践他们所学的知识，使学生尽快受益。

教师们在自己的信仰、背景、经验、动机、兴趣和专业身份的基础上选择和设计可以促进自己和团队学习的学习经验，所有这些信息都会提高专业学习的质量。团队内部做出的决定可以准确地指出所需的东西，并考虑到学习过程的所有阶段。“向前学习”（Learning Forward）网站提醒我们，设计专业学习体验的教师团队要考虑到团队成员为提高学生成绩而进行深化知识、提升技能、转化实践、质疑态度和信念以及激发行动的最佳途径。

在学习一项新的认知技能时，团队须注意情绪和认知之间的关系，因为情绪总会在人们无意识间影响学习。茵莫迪诺-杨（Immordino-Yang）认为，以下5个原因使得我们应关注成人的学习氛围：

1. 情绪促进认知学习
2. 学习的情绪联系可以是有意识的，也可以是无意识的
3. 情绪学习塑造未来行为
4. 最有效的学习方法是将情绪融入正在构建的认知体系
5. 没有积极的情绪，学习效果将大打折扣

学习是由情绪调节的，因此，有意培养积极的情绪很重要，这样才能实现最佳的成人学习。图3.6可以用于反映团队当前的情绪状态。通常，思考人们希望如何得到认可是有效的。有些人倾向于向其信赖的、同理心较

强的倾听者分享自己的恐惧，从而处理这份恐惧——这个方法是关于内心的；有些人则更喜欢智力刺激——他们希望用自己的头脑来解决问题；还有一些人想要采取实际行动，他们希望脚踏实地地做一些事情——可以是为他人创建一个锚图，也可以是勾勒出一个课程序列。在学习新事物时，根据你对团队成员喜好的了解确立可能的方案，通过抓住他们的头脑、心灵和双手，来引起或重新引起他们的注意。

当个人及情感需求得到回应时，新的学习和后续跟进就将更加有效。演示、讨论和课程开发都是在培养团队学习氛围的同时推进学习的方式。

图3.6　当学习新事物时，要调动头脑、心灵和双手

	当前的情绪状态	通过头脑、心灵和双手改善情况的方法
我的需求		
团队成员的需求		

演示和讨论是使新的学习保持在前沿的手段，其巧妙地将策略、知识或行为融入教师正常实践的流程。为此，教师可以根据自己的教学风格和喜好，在自己的课堂环境中自主学习新知识，并寻找其价值所在。我们在设计这种类型的学习时需要考虑练习的时长及频率，这对于吸收新知识并将其融会贯通至关重要。

> 教师通常拥有校长可能缺乏的教学知识和学科知识。

此外，教师及管理人员需要共同塑造学校的文化、政策和实践，以支持成人和学生的学习（图3.7）。当这种类型的合作发生时，教师便可以在课堂中发挥领导作用，监督和支持同行的教学实践。教师通常拥有校长可能缺乏的教学知识和学科知识。的确，在每一所学校都有“尚未苏醒的教师领导力，它可以成为变革的强大催化剂”。

笔记

图3.7 值得记录的时刻

你是否被邀请参加学校的改进策略会议？如果是，会议是怎样的？结果如何？在新的学习环境中，可以应用哪些新方法？

有目标的合作

在高效能的学校文化中，教师以探究为指导，不断积累知识并认识到有目标的合作带来的益处。合作是一种有效的方式，可以提高教育工作者的能力，增加学校的专业资本，同时利用集体的力量。这促使教师追求一个明确的道德目标，即促进学生学习。有效的专业学习有助于学生茁壮成长，它是学生学习成长的催化剂，因为受教于高效教师的学生可以在6个月内学到其他学生可能需要1年才能学到的知识。它培养了一种精益求精的学校文化，并以对高质量教学和学习的共同承诺为后盾。

当学校文化重视合作的专业精神时，教师就会成为其自身实践的侦探。他们分析细节并合作提出循证解决方案，以应对共同挑战和实践中的其他问题。这种有目标和支持性的合作使教学实践达到了单枪匹马无法达到的新高度。回顾自己成功的经历并使用图3.8进行记录。得出的结论可与团队共享。

受教于高效教师的学生可以在6个月内学到其他学生可能需要1年才能学到的知识。

笔记

图3.8　个人与团队成长

问题	我的想法	团队的想法
在尝试新事物时你如何鼓励自己？		
在你面对的挑战中诞生了哪些新的机会？		
你应该如何走出舒适区并取得进步？		
写出你保持专注、排除干扰的例子。		

集体责任

那些笃信自己可以改变学生人生的教师会感觉自己应该对班上的每一个学生负责。当教师与同事分享他们的教学实践并寻找有目标的合作机会时，他们促成了集体责任文化的产生。集体责任是改善教学实践的关键转变，为集体效能和学生成绩的提高奠定了基础。

此外，集体责任培养了教师对实践的反思。基于持续改进的反思是专业学习的一种有效形式。重要的是，教师要经常停下脚步，评估事情的进展并与学生和同事交流，确定哪些实践是成功的，而哪些需要改进。

学生的学习需求驱动教师的学习需求

在确定了共同挑战之后，团队成员可能会收集初始的共同形成性评估数据。除此之外，团队成员还可以利用这段时间观察学生的学习模式，并与学生讨论其学习情况。学生可以使用课程或单元的成功标准作为参考点，与同学和老师讨论自己的进步。教师可以从学生对学习的感受中受益。这有助于教师更好地了解自己的学生，同时也了解如何最好地满足学生的需求。

学校应是教师和学生共同学习的地方。有效的教学并不是偶然发生的，而是学习、反思、实践和努力共同作用的结果。教师经常对这种与自己和学生的需求无关的“一刀切”研讨会感到不满。构思拙劣的专业学习往往会给教师留下不好的印象。

学校应是教师和学生共同学习的地方。

专业学习的有效性取决于教育工作者如何对其进行仔细的构思、计划和实施。这些都需要严密的思考和执行。缺乏经验的教育工作者可以向团队中更有经验的教师学习，同时通过梳理自己的思想，经验丰富的教师也会因此受益。随着团队成员的经验不断积累，教学实施中的差异将会减少或消失，教师开始为学生而非自己的成功承担集体责任。教师可以使用图3.9收集学生和自己的学习需求。

图3.9　激活自己的和他人的学习

学生的需求是什么?	我需要学习什么才能最好地满足学生的学习需求?	我应该怎样学习来满足自己的学习需求?
学生在达标方面取得了哪些进步?	我应该加强对哪种策略的学习?	我能自学些什么? 我能和同事做些什么?

确认学生的误区

团队可以通过合作确认学生的误区并讨论其出现的原因，从而改进自己的教学实践。这可以在接受指导之前进行，也可以在实证收集结束之后进行。如果是在指导之前进行，团队可以主动制定教学对策来解决问题。来自学生之前学习情况的数据以及趋势数据可以促进团队讨论。这将有效地为学生提供有针对性的即时反馈。

虽然我们无法确认所有学习者可能存在的潜在误区，但通过合作确认常见的误区可以加强团队的专业知识。团队还可以在收集数据后识别和诊断学生的误区。这有助于团队确定学生当前的学习差距，并制定适当的教学对策来推动学生学习。团队可以利用图3.10集思广益，以初步思考如何解决学生误区。

图3.10　确认学生误区

共同挑战：

常见学生误区	教学对策	可能的策略

教师团队需要及时跟进当前的教育研究。新的标准、课程以及学习方式层出不穷——不仅仅是对之前舒适的教学方式进行完善。这不但意味着学习是持续的过程，还说明了采用内部问责机制进行后续跟进的必要性。在学习之后或学习期间，团队必须确定如何相互检查新的知识、技能或策略。如果没有既定的跟进措施，许多教师可能会重拾旧习。

教师有能力成为学校变革的推动者，采用支持和推动合作专业学习的方法来建立和培养教师集体效能，将使教师的付出更加富有成效。当高水平的教师集体效能存在于专业学习社群+团队和学校中时，人们将集体拥有共享协议并执行它们。孤立工作的准则将被团队合作的价值观所取代。当"合作共事"占据上风时，继续学习和深化工作的动力便会从内部产生，而非依托外部或权威人物。在这样的学校里，教师通过倾听、讨论、澄清和发展集体专业知识来相互支持。集体效能便因此提升。

输入训练

以下部分详细介绍了团队用于共同学习、共同改进教学实践及学生学习成果的3种输入训练：

- 专业阅读
- 示范与思考交流
- 角色扮演

来源 1：专业阅读

专业阅读的形式有图书、单元、文章、博客以及其他信息资源。尽管质量和相关性良莠不齐，但互联网上充斥着大量的免费信息。即便如此，要找到与特定兴趣或教学策略相关的可靠资源可能并非易事。对此，专业学习社群+团队模式可以提供帮助，其旨在通过查询并锁定特定的共同挑战来使团队成员有针对性地搜索可供团队阅读的专业读物。

基于共同挑战，团队需要确定1—2本专业读物，在集体效能循环中对其进行重点关注（图3.11）。阅读应直接与内容知识或有助于团队解决共同挑战的策略联系起来。可以下载并打印相关文章，以便人们在整个集体效能循环中反复阅读并参考。我们期望团队学习以合作的形式进行，因此随着集体知识的增加，你将在整个循环中不断重温阅读。

团队可以决定是在会议之前还是会议期间进行阅读，两种方式各有千秋。我们推荐基于文本的讨论规程，这样就能有效利用时间。在讨论中，大家可以参考自己在阅读时的随想以及其他联想。团队成员还可以时常在空白处记下出现的问题，以便稍后向其他成员提问。由于阅读和讨论的重点明确，人们得以在合作中学习，并经常感到信心和能力的提升。

图3.11　专业阅读资源

关于专业阅读的意见	
我们可获取的图书、博客及其他资源	

基于文本的规程

规程是用于特定目标的一组确定行为。通常，规程是逐步构建的，允许人们更深入地挖掘特定的概念。规程规定了参与者需要完成的任务以及完成任务的方式，并为每一步提供时间框架，以确定活动的形式。

在集体效能循环中，团队需要花时间阅读和讨论文章、博客、图书单元和其他与循证教学相关的专业文献资源，从而保证自身做到与时俱进。通常，基于文本的规程要求人们多次阅读段落或文章，以便反复接触文章内容，从而进行深入思考并加深理解。通常，在基于文本的规程中包含讨论环节，使其在设计上具有合作性。以此组织阅读活动，可以使人们获得专业学习经验，并了解新的想法或概念。

基于讨论的规程

除了基于文本的规程，还有基于讨论的规程来指导专业阅读。基于讨论的规程可适用于所有年龄段的学习者，但其中也不乏更适合成人或未成年人的部分。当每个人都理解并同意使用特定的规程时，无论是以独立还是合作的方式，人们通常都能更高效地完成工作。有时，基于讨论的规程会激发尚未发掘的新思维。

虽然规程中可能也会涉及需要独立思考的部分，但大多数规程在本质上是要求合作的。例如，人们可能首先需要对主持人提出的问题进行独立思考。接着，所有参与者两两组对，每人有3分钟的时间来阐释自己的回答。最后，两人小队再组成4人小组，进行更大范围的讨论。在每一轮的讨论中，人们都通过倾听和思考他人观点来加深自己对主题的理解。基于讨论的规程还为那些缺乏背景知识的人提供了支持学习的方法，并且通常也可以影响到那些知识结构更加复杂的人。团队在做决定和达成共识时，可以使用这一规程辅助工作。简单来说，规程提供了讨论的规则，因此创造了公平发言的环境。

专业知识

除了通过阅读解决共同挑战，团队还会将理解融入课堂。团队会议提供了安全空间，教师可以推测某个循证策略将如何积极地影响学生学习，或者对该策略进行角色扮演来加深体验。这是学习过程中重要的一步，因为课堂上需要为不同的学习者提供支持。

与团队一起讨论学生具体的学习需求将使你收获更多知识。通过合作，你们将共同确定接触每个学习者的不同方法。

在团队会议的集中对话中，集体专业知识得到了增强。团队成员从阅读中汲取信息并相互学习。成人学习者受益于持续的探究以及倾听他人的思考。在这个过程中，教师对其方法和工具进行了丰富，并为有效驾驭未来的挑战做好了更充分的准备。

来源 2：示范与思考交流

“我只是听说过编号分组，但我不知道如何使用。它听起来就像是为1年级学生准备的。”柯尔斯顿（Kirsten）向科学部的同事们坦白。塔蒂阿娜（Tatiana）回答说：“实际上，编号分组适用于所有年龄段。这是我最喜欢的策略之一。我基本上每周都在用，因为孩子们真的很喜欢，他们的参与度也因此提升。有时候他们的学识之多都让我大吃一惊！”

编号分组代表了一些“纸上得来终觉浅”的学习策略。对于教师来说，仅仅从阅读中了解有关策略的理论远不足以进行成功的实践。当教师能够目睹类似分组编号的教学策略实施时，往往会收获更多。由于思考的过程是无形的，示范可以使教师通过观察一个概念、实践或执行的明确演示过程来洞悉同事的思维。有效的教师示范包括口头描述如何将一个概念拆解成便于理解的小块信息。

示范的一个重要方面是思考交流。当教师将思考交流融入示范时，他们会分享自己做出特定教学选择的原因，从而促进元认知或对自身思考的反思。这可能包括从之前的尝试中总结出新的知识，并意识到何时应进行特定的调整。示范可以帮助教师理解一个细微概念的习得，因为教师可以了解同事的想法及其处理信息的方式。思考交流并不局限于对策略的演示。在其他情况下，教师可能会示范一种安排部署，比如如何分析一篇文章或如何解决冲突。思考交流能让他人深入了解教师的思维，通常有助于提高他们的认知能力。

当团队成员对实践、内容及部署进行示范时，无论是发表意见还是倾听他人的思考，所有参与者都将受益。图3.12提供了一个供教师在思考交流时使用的计划工具。这种方式可以鼓励教师像学生一样进行自我反思、自我监督和自我评估。

图3.12 示范与思考交流的计划工具

1. 确定策略、概念、任务或部署。	
2. 陈述策略、概念、任务或部署的目标。	
3. 阐释如何及何时应用策略、概念、任务或部署。	
4. 使用类比将之前学习的知识与新知识融会贯通。	
5. 说明策略、概念、任务或部署是如何完成的。	
6. 提醒学习者需要规避的错误。	
7. 评估策略、概念、任务或部署的使用情况。	

来源：费舍和弗雷

来源 3：角色扮演

输入训练也可以为教师创造机会，使其在对学生尝试一种策略之前先互相进行演练。这可能包括通过示范和使用学生友好的表达方式进行阐释，以测试策略的有效性。团队成员可以从学生而非自身的角度来观察策略，这可能有助于教师完善自己的实践。由于团队正在解决共同挑战，教师应深入了解可能阻碍学生学习的潜在挑战。角色扮演可以帮助教师发现潜在的难关。通过这种方式，教师可以明确解决学生可能存在困难的领域。

团队成员可以轮流练习和观察，并为彼此提供具体的反馈，以发展每个人的专业知识。可以的话，也可以搜索并观看其他教师使用该策略的视频。在网络上就有很多免费的视频。但不必将视频当作模范，而应探讨其中的各种长处和不足。这是一种在合作环境中增进理解的低风险方法。

人们通过反复地接触和实践来获得知识和技能，这是成人学习的必经之路。这种专注的刻意练习将增强团队关系并增强学生的学习效果。然而，有时我们的同事也需要更多支持和额外关照，以提升充分参与合作专业学习的信心。在这种情况下，团队将思考具体的支持手段来帮助同事。我们可以通过预测可能出现的挑战来未雨绸缪。在图3.13中记录潜在的挑战，并思考规避或克服它们的方法。

笔记

既然我们已经讨论了促进专业学习的条件和方法，让我们重新审视一下贝赛德中学的情况。随着知识的更新和对各级学习的共同投入，教师和管理人员对学校确定和交付专业发展的方法进行了更新。

图3.13　为克服挑战进行规划

潜在的挑战	如何预防/规避	如何分类并继续前进

情境2：更巧干，不是更实干

现在是10月一个星期三下午的一点半，距离提交进度报告的截止日期还有1周。7年级英语教师莉莉、卢尔德和柏布正前往他们学校的多功能厅参加专业发展会议。虽然教师合同要求每个季度进行两小时的强制性培训，但贝赛德中学的教职工都已同意召开季度部门会议，回顾学生工作样本，分享改善学习的最佳做法，并校准对学生表现的期望。

贝赛德中学的教师们为这次会议做好了准备，因为管理人员会邀请教师为每次会议的议程提供意见，议程通过人人皆可访问的网络文件与所有员工共享。多功能厅的桌子被分组摆放，以促进教师之间的合作。莉莉、卢尔德和柏布坐在靠近其他英语教师的桌子旁，拿出学生撰写的有关马克斯·苏萨克（Markus Zusak）的《偷书贼》（*The Book Thief*）的作文。团队正处于集体效能循环的“构建教育工作者的知识和技能”阶段。在9月回顾了学生的数据后，该团队确定，学生面临的共同挑战是对文本中人物及叙述者观点的理解和分析。他们为学习和实施选择的循证策略作出示范。莉莉、卢尔德和柏布很想知道他们关于叙述者的思考交流是否有效，这由学生在写作中分享的内容决定。

会议不必正式宣布开始，因为所有教师已经自主在多功能教室里展开合作。丹尼斯（Denise）是贝赛德中学的副校长之一，她一直与7年级的英语教师在集体效能循环中进行合作。丹尼斯拉来一把椅子，柏布腾出地方让她加入他们的讨论。

回顾第3章：我们学到了什么

团队真棒！你们可以用促进学生成功的方式来推动学校加强工作。你们已经开始制订个人和集体的学习计划。对团队效能感进行评估——哪些具体的行动让团队更紧密地团结在一起？在图3.14中记录你对其中每个指标的想法和实证。在这一反思中要考虑的问题包括：

- 我们是否回顾了循证实践？
- 我们是否合作确定了循证实践来应对共同挑战？
- 作为一个团队，我们如何获得专业知识？

图3.14　对集体效能循环的反思

问题	我的想法/集体效能的程度
掌握经验：我们的团队在哪些方面取得了成功？ 找出我们熟练工作的具体例子。	1　2　3　4　5
信任：在确定共同挑战时，团队成员之间是否存在信任感？ 举出信任感很强的例子。	1　2　3　4　5
问题解决：我们是如何一起解决问题的？ 描述团队成员何时以及如何互相支持。	1　2　3　4　5
价值导向：当面对一个问题时，我们是否坚持了价值导向的立场？ 注意团队需要关注学生特长、兴趣和背景知识的情况。	1　2　3　4　5
效率：我们是否遵守了达成的共识并合理利用了时间？ 记录卓有成效的团队会议。	1　2　3　4　5
积极的情绪：我们会议的主旨/情绪基调是什么？ 描述团队成员互相支持以保持乐观态度的例子。	1　2　3　4　5

第4章

合作规划与安全实践

章节综述

既然教学团队已对循证实践有所了解，那么在安全实践中，教师将有很多机会与学生共同实施循证实践。集体效能循环的这一阶段之所以被称为安全实践，是因为教师在实践的过程中不会受到审视。这为教师提供了保障，即教练、校长和学区领导将允许教师自行对教学策略进行试验，而不必担心受到评判或评估。

在为期两周的安全实践中，教师将对教学策略进行刻意练习，以提高他们的专业能力。专业能力的产生并不仅仅是因为经验的积累。相反，真正的专业能力来自对明确目标的重视。刻意练习会让我们走出舒适区，并优化大脑的心智模型，从而推动技能学习。在安全实践期间，团队开会讨论进展，解决实施中出现的所有问题。安全实践还为团队提供了打磨能力的机会，以提供循证反馈。图4.1中的创新配置为团队提供了安全实践的理想状态。

图4.1　安全实践的创新配置图

1：理想状态	2：较理想状态	3：初始状态
每个团队成员与学生一起实施循证实践，并满足以下**所有**标准。	每个团队成员与学生一起实施循证实践，并满足以下**大部分**（50%—99%）的成功标准。	每个团队成员与学生一起实施循证实践，并满足以下**部分**（0%—49%）成功标准。

团队成员：

- 实施3次或更多
- 反思早期结果，并在必要时进行调整，以保证学生的学习
- 针对策略及/或学生的学习情况进行3次或以上的合作讨论
- 培养和完善提供循证反馈的能力
- 减少或消除影响人际互动和个人自省的评价性表达

未经核实的假设和评价会降低团队的效能。虽然团队可能已经达成了一些共识，但有时，沟通失误仍可能会破坏团队的学习文化和凝聚力。在下面的小故事中，你将知道是什么导致了团队不再信任其成员之一桑吉塔（Sangita）。在阅读的过程中，你可以联系自身经历，思考自己是否目睹过类似的情况。我们之后将在本章中演示如何更高效地解决桑吉塔的问题。

笔记

情境1：更实干，而不是更巧干

桑吉塔错过了团队会议，大家约定会上分享最近与集体效能循环有关的学生工作。她没有给出任何缘由，只是请了病假。我们可以假设，桑吉塔是故意留在家里，以避免分享与学生相关的作业情况。如果不核实这一假设，我们可能会在开始时就认为桑吉塔是在装病，这样她就不必参加团队会议并进行情况汇报。于是，我们就可能开始质疑桑吉塔对她的学生以及团队的投入程度。这种想法可能会渗透到我们对她其他方面的看法中。即使没有任何证据表明她在推卸责任，我们也会根据自己脑海中想象的故事产生更多猜忌。随着猜忌逐渐积累，我们便会开始相信桑吉塔是一个冷漠和不负责任的人。我们不再信任她，并将她排除在团队会议之外。

虽然这个例子看上去有些极端，但这样的误解屡见不鲜。出于各种各样的原因，我们不会主动接触或提出可能会推翻我们所做论断的质疑。相反，我们倾向于相信自己的假设，然后把它们当作现实。成员间的疏远和其他沟通失误可能会导致同事间的不和，或者导致整个团队原地踏步。通过进一步的了解和问询，我们可以避免很多类似的情况。这在同行观摩中尤为重要，因为无端的猜忌可能会失控并损害团队。

鼓励创新

教育工作者们知道，必须支持学生在学术上的创新。教师负责提出引人深思的问题，并鼓励学生去解决复杂的难题。教师给予提示和鼓励，为学生的重大突破提供空间。我们通常称之为“顿悟时刻”。当它发生时，我们既为学生感到兴奋，又对我们的教学产生认可。我们意识到，深度学习往往发生在学生的思维和理解超越他们目前认知水平的时候。我们喜欢那些灵光乍现的时刻！而如同我们引导学生在学术上不断进取，作为学习者时，我们也必须把相同的思路应用到自身身上。让我们一起来探索团队将如何在安全实践期间提升特定循证实践中的专业能力。

安全实践阶段

正如第3章中提到的，团队可以选择并开始参与相关活动，来建立循证实践的知识和专长。这种实践主要关注集体效能循环，并解决特定的学生需求：共同挑战。而教育工作者们学习的下一个阶段是教师与学生一起及时实施循证实践。这被称为安全实践。

在集体效能循环的安全实践阶段有一个共识，那就是教师不会被管理人员、教练或其他学区的领导审视或评价。这样便不会让教师在学习和完善循证实践的过程中感到被评判。尊重教师的安全实践至关重要，这样教师才能在采取新方法时进行试验，并根据学生的需要调整实施方法。

在安全实践中，我们希望教师以每周3—4次的频率实施特定的教学策略。例如，如果团队选择交互教学作为满足学生学习需求的循证实践，那么团队的每个成员都要向学生介绍并实施这一策略。每位教师实施的次数并不固定，但我们建议至少5次。这取决于策略的复杂性、学生的需求以及他们对策略的反应。安全实践为每位教师提供了多次机会，不仅要实施教学策略，也要确定其对学生学习产生的影响。

安全实践通常持续2—3周，在安全实践期间，团队将开会讨论他们对教学策略的感受和学生学习的早期结果。团队利用这段时间继续就策略进行沟通和完善，分析学生的学习是如何受到影响的，并讨论为了获得更好的学习成果，需要做出哪些调整。这一阶段的另一个特点是，教师为了实现某一明确的目标而进行刻意练习。这是为了让教师利用特定的循证策略来发展其专业能力。专家型教师与其他教师的不同之处就在于他们的心智模型的质量和数量，以及练习之后的分析。

自发练习还是刻意练习

教师明确自己练习循证策略的方式十分重要。这是因为有两种不同的练习方式：自发练习和刻意练习。在自发练习中，学习者只是机械地重复某项技能，并在其中积累经验。而刻意练习的目的明确，以目标为导向，其中包含反馈，需要走出自己的舒适区。系统地强化专业能力是关键所在，因此让我们来探讨一下自发练习和刻意练习的特点。

自发练习的特点是，从对某项技能的大致设想出发，一直练习到一个尚可接受的水平。当这项技能成为下意识的行为时，我们往往就不再投入大量精力，因为这时哪怕注意力不集中也可以完成任务。回想一下你学习驾驶的时候，只有在最初的几次驾驶中，你才会全神贯注。一旦你已轻车熟路，就只会把它当作生活中的家常便饭。现在，你一坐上车，不必思考也知道该怎么开车——这已经成为无意识的行为。虽然你可能在过去的15—20年中一直在练习驾驶，但你的车技并没有提高多少。自发练习的问题在于，即使经过多年的练习，积累的经验也不会带来实质的进步。人们往往错误地认为，仅靠重复就能改善自己的表现。

另外，如图4.2所示，刻意练习的目的性和明确性要强得多。学习者每次都是有目的地进行练习，并得到有关自己进步情况的具体反馈。在安全实践的过程中，教师通过反思自己实施的循证策略，从学生的理解情况中获得反馈。教师收集实施安全实践的信息并对其进行分析也是一种自我训练的方式。培养专业能力的关键不在于达到尚可的能力水平就止步不前。研究表明，一旦一个人达到了尚可的表现和熟练度（联想一下上文提到的驾驶），再多自发的“练习”也不会带来实质的进步。与之相反，专业能力来自刻意练习和自我鞭策。

图4.2 自发练习与刻意练习

自发练习是……	刻意练习是……
• 经验的累积 • 日常的和无意识的 • 待在舒适区	• 走出舒适区 • 向明确的、具体的目标努力 • 重视实践活动 • 接受并回应高质量的反馈 • 培养专业能力的心智模型

刻意练习的原则

领导力大师吉姆·柯林斯（Jim Collins）曾断言，“优秀是卓越的敌人”。虽然他指的是商业领域，但这对教育工作者来说也是重要的一课。人们常常满足于“足够好”，无论是开车，尝试新鲜事物，还是教学。在自发练习中，虽然所学也足以应付了事，但我们很少强迫自己超越“足够好”。虽然“足够好”也可以满足我们弹琴或者烘焙的需要，但如果涉及认知上的挑战，比如学习一门新的语言，演奏一种新的乐器，或是采用一种新的教学策略，就需要我们加强心智训练或进行刻意练习。

各个领域的研究都表明，单凭经验并不能提高一个人的能力。

各个领域的研究都表明，单凭经验并不能提高一个人的能力。在教育领域，有人指出，“师资培养和专业发展采用的典型做法导致了教师效能的良莠不齐”。院长联盟（Deans for Impact）认为，有5个刻意练习的原则与提高教师的专业能力尤其相关，详见图4.3。图4.4将这5个原则可视化。

图4.3　刻意练习的5个原则

	原则	说明
1	走出舒适区	教学是一项具有挑战性的工作，刻意练习需要提出挑战，推动教师超越自己现有的水平。
2	向明确的、具体的目标努力	刻意练习要求教师设定具体的、可衡量的目标，专注于教学的某个特定方面，而不是致力于泛泛的大致提高。
3	重视实践活动	教师开展低风险模拟，以便在课堂教学之前对教学方法进行测试。
4	接受并回应高质量的反馈	教师在练习后会立即收到有针对性的反馈。当教师重复相同的教学方法时，反馈将会被整合。
5	培养专业能力的心智模型	教师对教学方法有清晰的认识，因而他们能够根据学生的学习需要进行自我监控和调整。

图4.4　将刻意练习的5个原则可视化

来源：院长联盟

所有领域内的佼佼者们不仅会刻意练习，而且还会刻意思考。例如，下好国际象棋不仅仅是摆好棋盘，随意移动车和兵。相反，专业棋手在每一步棋之间都要考虑许久，探索所有可能性，思考每一步棋的后果，并计划接下来可能的一系列走棋。与国际象棋一样，教学也需要不断思考、分析和回应。

心智模型是你对一个想法、一个物体或者任何其他概念的思考方式。理解心智模型的一个简单方法是思考某个图像。让我们以《蒙娜丽莎》（*Mona Lisa*）为例，因为很多人都能在脑海中描绘出这幅画。有些人对蒙娜丽莎有着更复杂的心智模型，可以对她的面部特征和坐姿进行丰富的描绘，而另一些人可能只有模糊的印象。我们每个人都有自己的心智模型，这些模型由我们的经验、认知和对世界的理解构建。教学中的刻意练习包括在教学和学习的过程中发展更细致、更复杂的心智模型。

因此，教学专业能力要求教师提高和拓展自己已有的技能，并确保这些技能与可见的学习数据库或有效教育策略资料中心中特定的循证实践相一致。使用图4.5—图4.9来思考你目前在个人和团队层面上刻意练习的方式。和以前的练习一样，团队可以决定使用这些问题来反思5项原则，但只选择其中的1—2项来集中讨论。

图4.5　关于有目标的练习的反思性问题

问题	我的想法	我们共同的想法
我们的团队通过哪些方式共同创造挑战，推动新老教师走出自己的舒适区？		
在学习一项具有挑战性的技能时，我们如何互相支持？		

图4.6　关于明确具体目标的反思性问题

问题	我的想法	我们共同的想法
我们团队的每个成员是否共同创建并达成了明确而具体的目标?		
我们如何提供与目标相关的、具体的、可操作性的反馈?		

图4.7　关于拓展实践机会的反思性问题

问题	我的想法	我们共同的想法
我们在课堂之外提供了哪些额外的机会来打磨某项特定的技能?		
有足够的时间进行拓展实践吗?		

图4.8　关于回应反馈的反思性问题

问题	我的想法	我们共同的想法
我们团队的每个成员是否都同意并使用共同的语言和方式进行反馈?		
反馈是否集中在具体的、达成共识的目标上?		

图4.9　关于培养心智模型的反思性问题

问题	我的想法	我们共同的想法
我们采取什么程序来自我监控，即检查我们学生的学习水平是否有所提高?		
我们如何对学生学习情况的预想和现实进行比较?		

每个人都拥有并应用自己的心智模型。专家型教师与其他教师的不同之处就在于他们的心智模型的质量和数量。通过刻意练习，专家型教师开发出高度复杂和精密的心智模型，使他们能够“在特定的情况下更快、更准确地决策，并做出更迅速、更有效的反应”。换句话说，当其他教师只见树木时，专家型教师就已经看到了森林。

当其他教师只见树木时，专家型教师就已经看到了森林。

教育工作者的团队作用

刻意练习往往能够为个人及团队赋能，特别是当教师的努力得到了学生学习成果的认证时。集体效能循环提供了这样一种方式，即在肯定教师的努力的同时，也促进了教师的学习和专业能力的积累。无论你是教练、学区领导、校长还是老师，教育工作者之间的相互反馈都可以激发自我效能感和教师的集体效能感。费舍和弗雷建议使用一个简单的公式：“当你做了x时，y就会产生。”但如果以结果为导向遵循这一公式，将使教育工作者的努力与其对学生产生的影响直接挂钩，暗示教育工作者应该更努力、更久或者更快地工作，这不利于激发教师所渴望的合作、联系和希望。

当人们积极参与并接受促进他们成长的反馈时，学习效果便可达到最佳。

如果团队的作用和意见得到了学校和学区的肯定，就可以促进团队的专业成长。团队层面的作用涉及教师“有目的、有建设性地指导自己的专业成长，并促进同事的成长”的能力。换句话说，当人们积极参与并接受促进他们成长的反馈时，学习效果便可达到最佳。而另一方面，如果一味听从无效的赞美，或是学习者感到被评判，学习效果就会被削弱。

无效的赞美

尽管对同事的赞美，比如“我很满意”以及“这很好！”是在表达善意，但这些信息在给出评价的同时也是模糊不清的。虽然赞美是出于本能，并且已经与社会结构相融，但如果我们不指出为什么某件事情很好，或者更具体地来讲，在教学和学习方面，为什么某件事情是有用的，我们就没有提供有效的反馈来巩固具体的教学行为。这并不是要停止赞美他人。相反，这是在鼓励你将你的赞美与同事的教学行为以及其对学生产生的影响联系起来。

此外，还要注意把握赞美的时机。对微不足道的成就进行赞美是无效且有害的。例如，“你今天准时来开会了，真不错”。这句话传达的是低期望或讽刺的信息。相反，我们可以寻找机会，通过提供真诚的反馈，指出并强调具体的行为动作，以及出色完成任务的要点，来加强同事的内在动力。领导力大师肯·布兰查德（Ken Blanchard）提醒我们：“反馈是冠军的早餐。”基于具体观点的反馈可以减少人际交流中的偏见和评判。

非主观的表达

评判是根据现有信息形成观点或得出结论的过程，它源于我们的思想以及我们赋予思想的意义。当我们过于严厉地评判他人和自己时，就会产生诸如愤怒、焦虑和悲伤等负面情绪。你可以使用图4.10来思考自己有关评判的经历。

图4.10　值得记录的时刻

在你的职业生涯中，你是否曾感到被评判？如果有，是被谁？你的感觉如何，当时又是什么情况？怎样才能改善这种情况？

为了掌控对自己及他人的评判，我们可以养成一种习惯，即将消极的、批判性的想法重构为非主观的表达。提高我们对评判思维的认知并非易事，因为我们可能会发现，自己每天都会产生很多批判性的想法。我们每个人的内心其实都住着一位批评家。因此，了解如何掌控这些想法是十分有用的。

学会重构消极想法可以帮助我们以客观的方式为自己和他人提供反馈。我们说话的内容和方式都很重要。评判性的想法会削弱我们的自我价值感，也会损害与他人的关系。重构是促进问题解决和缓解冲突的有效工具，它还可以减少倦怠感和憔悴感。你可以写下一些评判性的想法，并将它们重新组织成非主观的表达。图4.11中有几个例子供你参考。

图4.11 重构评判性的想法

评判性的想法	重构后的非主观想法
我受不了了。我干不下去了。	当时间紧张，而我又倍感压力和疲惫时，我的脾气就会变得很差。
她总能保持冷静，而我总是一团糟。	我很佩服她能够保持冷静，我应该向她学习。
他总是请病假。	可不可以换个角度思考呢？他可能只是因为压力过大而病倒了。

评价还是观察

此外，我们生活在充满评价和评判的文化氛围中。在我们的语言中，比较性和评价性的话术比比皆是，让我们感觉自己活在周围人的评判之中，比如更快、更瘦、更漂亮、更好、更聪明等。评价性的语句可能会给我们的人际关系造成困扰，因为当我们评判他人或他们的个人情况时，我们是基于自己的主观视角，而这种视角是由我们的观念、经历、假设和期望所塑造的。我们的看法可能并不准确，可能会冒犯他人或阻碍沟通。如果我们的话让某人心生戒备，那么话语中想要传达的信息可能就会受阻。

当我们将看法表述为对他人或他们的个人情况的评价时，我们其实是在暗示他们有问题。被理解为评判或批评的话语会招致对话中的戒备、反感和疏远。相反，当评价与观察分开时，沟通会更有效。

观察不同于评价，因为观察是客观的。客观的陈述是描述性的，只提供事实，而不对事实进行解读，或是评价事实的好坏。在观察中，我们需要注意具体的事物和行为。图4.12给出了评价和观察的例子。

你曾做出了多少不准确的判断或是根据错误的假设行事？这种情况时常发生，所以我们应该努力避免误解。不加评判地描述事实可能是违反直觉的，因为给予赞美（“我觉得你……很好”）是我们约定俗成的。由于教师很少脱离课堂，他们鲜有机会练习以非主观的方式来描述观察到的事实，但这项技能是可以习得的。客观的描述是基于非主观的依据。我们可以把它理解为描述所见之物，而不是给出你对所见之物的评判。

图4.12　比较评价性话语和观察性话语

评价 （主观的，基于假设的解读）	观察 （客观的，仅提供事实）
那个家长不尊重我，因为我上周给他发了邮件，现在还没回我。	邮件已经发了5天了。目前还没有得到回复。
胡里奥（Julio）不靠谱，因为他总是迟到。	今天早上胡里奥开会迟到了10分钟。
我的朋友不在乎我。我过生日他都不闻不问。	昨天我过生日，我的朋友没有联系我。

正如我们将在第5章中看到的，教师间的授课观摩关注的是对实践的改进，而不是对实践的评价。当我们观察教学和学习时，描述性语句会帮助教师和教师团队确定因果关系，也就是确定教师的教学是如何促进学生的

学习的。你可以使用图4.13中的练习来与你的团队合作，提高区分客观表达和主观表达的能力。

图4.13　区分评价和观察

表达	评价还是观察?
“你总是动作太慢。”	
“这节课你一共点了6个女生回答问题。”	
“盖里（Gary）在开会的时候没有问我的意见。”	
“如果你有更好的规划，这完全可以避免。”	
“学生们花了9分钟才安顿好。”	

可以这样想：如果一个医生告诉病人他们身体健康，却没有测量任何生命体征，你会怀疑医生做此判断的依据。同样，如果房屋检查员在没有检查楼板或墙壁的情况下就说你的房子看起来很坚固，你就会质疑他的信誉。教学也是如此。如果我们用假设来决定好坏，便不太可能理解教学和

学习之间的因果关系。检验实践所需的依据是在教学、课堂环境和学生学习的角落和缝隙中寻得的。比起争论个人的观念和假设，从一个更加明确的出发点来进行循证汇报更能使对话内容变得丰富。

推论阶梯

即使我们已经学会如何来提供描述性表达，一直保持客观的视角也是一项挑战。大多数人都会有意无意地回到基于经验来做出假设。除此之外，我们还容易把自己同他人进行比较，这也是评判的一种形式。这种习惯使我们在同行之间的观摩中无法做到客观和循证。

推论阶梯是帮助我们保持客观的工具。阶梯是一种视觉形象，配有文字说明来帮助你避免做出毫无根据的假设。阶梯的最底层代表事实。这是直接可观察到的各种依据，也是我们在进行同行观摩时的重点关注对象。越靠近阶梯的顶端，就越远离依据，而越接近自己的假设、结论和观念。图4.14提供了一个信息图，它可以帮助个人和团队在课堂观摩期间收集循证及客观的数据时保持警惕。而图4.15可以用于反思。推论阶梯也可以用来改善人际互动和个人自省。

笔记

图4.14 推论阶梯

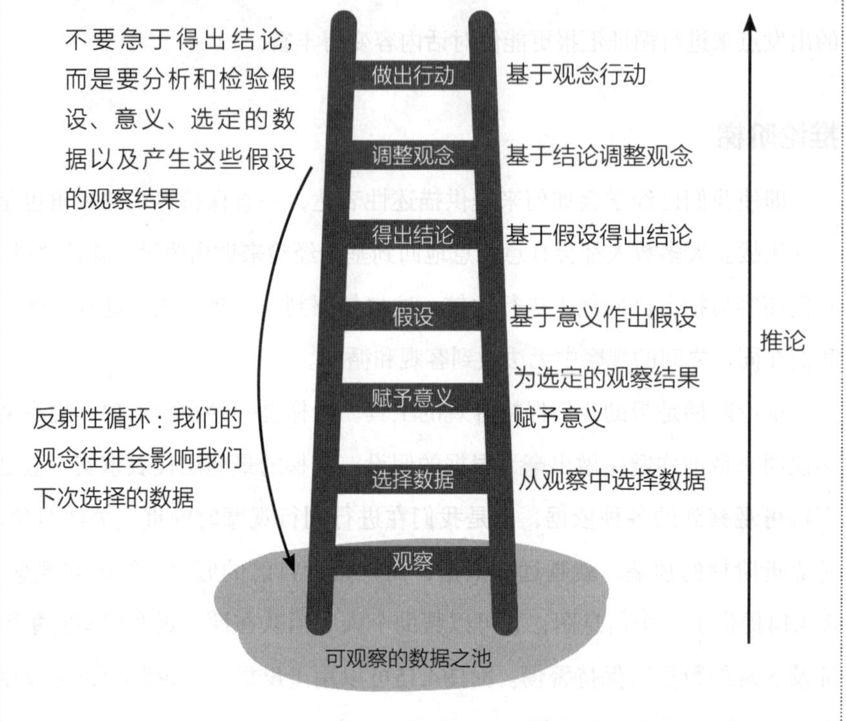

来源：维基共享资源。该模型由克里斯·阿吉里斯（Chris Argyris）建立。

笔记

图4.15　值得记录的时刻

从个人和职业关系的角度写出推论阶梯的两条作用。

1.

2.

在本章开头的小故事中，我们讲到了教师桑吉塔受到了来自团队的猜忌。只因桑吉塔错过了一次团队会议，大家便误认为她对整个团队和学生不够上心，她因此遭到排挤。评判招致了不愉快的结果。在接下来的小故事中，团队没有做出猜忌，而是满怀同情地询问了桑吉塔缺席会议的原因。在阅读时，请思考图4.14所示的推论阶梯是如何为人们提供了一种方法，使他们在赋予意义和得出结论之前，先考量由观察得到的依据。

情境2：更巧干，而不是更实干

桑吉塔错过了团队会议，大家约定会上分享最近与集体效能循环有关的学生工作。她没有给出任何缘由，只是请了病假。我们对此表示同情，并相信桑吉塔没有与团队沟通一定是事出有因，而不是假设她是故意留在家里，并逃避分享与学生相关的工作情况。我们不会怀疑桑吉塔对学生和团队的投入程度，而是出于对团队成员的关心而与她联系。我们没有打探她的私事，而是打电话表达关心，并表示如果她有任何需要，大家会一起帮忙。桑吉塔回答说："非常感谢你们的来电。昨晚我们出去散步时，有人进了我们家盗窃。他们拿走了电脑和笔记本，翻遍了我所有的东西，还偷走了我的首饰。最糟糕的是，给孩子们拍的照片和视频也都不见了，还有我祖母去世时留给我的那串珍珠。我真的太难受了，昨晚一夜没睡。很抱歉我没有及时打电话。警察让我列一张被盗物品的清单……真的一团糟，你们能理解吗？"

> 如果不关注人际动态，团队就可能会陷入功能紊乱。

这个版本的小故事提醒我们，行为的背后可能有充分的动机。我们可以通过核查假设并保持同情心来减少误解。如果不关注人际动态，团队就可能会陷入功能紊乱。这将削弱学习文化，并威胁到团队充分参与并受益于安全实践所需的信任。

集体效能循环的安全实践阶段旨在既为教师提供机会，也让他们处于促进循证实践的刻意练习的环境中。

当然，在日常生活中也有不少自发练习，比如休闲运动和其他娱乐活动。然而，如果没有刻意练习，团队将很难培养教师集体效能。刻意练习要求学习者走出舒适区，因为只有当学习者离开舒适区时，才会有挑战和挣扎，否则你将永远止步不前。

回顾第4章：我们学到了什么

团队真棒！你们参与了2—3周的安全实践，在低风险的环境中完成了多次循证实践。当教师为了进一步学习和完善实践而进行刻意练习时，团队也在开会讨论进展，解决在实施过程中出现的问题。集体效能循环的这一阶段也为团队提供了机会，让他们在进行同行观摩之前先掌握客观表达的能力。团队可以通过图4.16对集体效能循环进行反思。同时，以下几个问题可以促进团队对在安全实践中发挥教师集体效能的反思。天赋有时会赢，但团队合作终将成为冠军。

- 我们是否讨论并分享了关于评价与观察的共识？
- 我们是否合作讨论了如何使用推论阶梯来促进团队学习？
- 作为一个团队，我们在哪些方面进行了刻意练习并增进了专业知识？

笔记

图4.16　对集体效能循环的反思

问题	我的想法/集体效能的程度
掌握经验：我们的团队在哪些方面取得了成功? 找出我们熟练工作的具体例子。	1　2　3　4　5
信任：在确定共同挑战时，团队成员之间是否存在信任感? 举出信任感很强的例子。	1　2　3　4　5
问题解决：我们是如何一起解决问题的? 描述团队成员何时以及如何互相支持。	1　2　3　4　5
价值导向：当面对一个问题时，我们是否坚持了价值导向的立场? 注意团队需要关注学生特长、兴趣和背景知识的情况。	1　2　3　4　5
效率：我们是否遵守了达成的共识并合理利用了时间? 记录卓有成效的团队会议。	1　2　3　4　5
积极的情绪：我们会议的主旨/情绪基调是什么? 描述团队成员互相支持以保持乐观态度的例子。	1　2　3　4　5

第5章

合作规划与开放性实践

章节综述

在实施循证策略的安全实践之后，教育工作者们可以通过观摩同行的课堂，邀请教练和领导者来到自己的课堂给予反馈，进一步提高个人和团队的能力。非评价性的契机可以促进相互学习，因为我们在观摩和被观摩的过程中都会受益。由于讨论从教学层面（我做了什么）转向了学习层面（我对学生产生的影响），同行观摩后的反思将促成突破性的成果。通过同行观摩，开展开放性实践是团队为了系统地培养教师的集体效能而采取的第3个具体行动。

同行观摩的3个主要组成部分是观摩前的会议、观摩和观摩后的会议。每一个部分都经过精心策划，以确保被观摩的教师感到很舒适，而观摩者则需要提供带有建设性意见的非评价性反馈。在观摩的过程中，观摩者需要留意可能被忽视的课堂语境，以此获得增强自身实践的洞察力，并提升被观摩者的效能。图5.1展示了创新配置图，描述了团队在集体效能循环的同行观摩阶段的理想实施情况。

图5.1 同行观摩的创新配置图

1：理想状态	2：较理想状态	3：初始状态
每个团队成员都积极参与同行观摩，以加深对循证实践的理解，并满足以下所有标准。	每个团队成员都积极参与同行观摩，以加深对循证实践的理解，并满足以下大部分（50%—99%）成功标准。	每个团队成员都积极参与同行观摩，以加深对循证实践的理解，并满足以下部分（0%—49%）成功标准。

- 每个团队成员观摩一个或多个同事实施策略的情况
- 每个团队成员被一个或多个同事观摩
- 团队提供指导和培训
- 向每个被观摩的教师提供有关学生学习和/或实施情况的反馈信息
- 向观摩者提供关于指导的反馈信息
- 讨论和反思循证策略对学生学习产生的影响

打开教室的门欢迎反馈

由于课堂之门始终对同事关闭，我们错过了许多获得认可和成长的机会。

从历史上看，教学在很大程度上是一种个人行为。虽然这种方式促进了自主性，但由于课堂之门始终对同事关闭，我们错过了许多获得认可和成长的机会。在同行观摩中，教师和教育工作者们通过邀请同事观摩课堂来分享教学实践。可以选择观摩整堂课，但组织起来可能有些挑战。事实上，观摩10—15分钟的师生循证实践就足以让同行之间相互学习。

情境1：更实干，而不是更巧干

卡拉（Kara）是凯悦高中新上任的10年级生物老师，她以前从未参加过任何形式的同行观摩。她对同行观摩感到很紧张，因为她在之前的工作单位受到了学校管理人员的评估，并认为集体效能循环的同行观摩将重演自己被评判的经历。卡拉还担心，如果她的新同事在课堂上对她观摩，尤其是在第3阶段时，他们可能会轻视她。毕竟，她刚刚加入这个团队，并希望科学系的同事乔伊（Joy）和杰森（Jason）能平等地看待她。

一想到有同事将在课堂上观摩，卡拉就很紧张。但她没有向任何人倾诉过这种恐惧。相反，她暗自希望日程安排出错，或者其他不可预见的问题将阻止同行观摩发生。卡拉告诉自己，现在要做的事情实在是太多了。

观摩包括每个团队成员都经历观摩与被观摩的过程（图5.2）。我们不用担心因我们自身的经验不足而不能为同事提供指导和支持。一位新教师，或者说任何一位教师，都不需要也不应该达到全知的水平。相反，当我们通过提问来帮助同事理顺他们已知的想法时，效果是最好的。通过精心准备，每位教育工作者都会提出问题，帮助同事进行更深入的思考，从而解决他们自己的问题。所有的教育工作者，甚至是那些刚刚入行的人，都可以提出反思性的问题，提供有洞察力的见解和有效的反馈来改进实践。

一位新教师，或者说任何一位教师，都不需要也不应该达到全知的水平。

图5.2 什么是同行观摩？

同行观摩是……	同行观摩不是……
• 有组织的 • 对被观摩教师选择的单一要素的关注 • 互相观摩对方的实践 • 与同事一起学习，向同事学习 • 分享最佳做法 • 实事求是的	• 无组织的 • 无计划的 • 一味评判 • 评价性的 • 向校长汇报或用于评估目的

同行观摩的3个组成部分

同行观摩包括教育工作者观摩彼此的实践并提供反馈，以改进教学实践并强化学生的学习。其目的是及时与同事进行嵌入式、彼此协作的专业学习体验。观摩本身只是等式的三分之一，除此之外还有观摩前的会议和观摩后的会议。观摩强调对教学的反思和反馈，以提高学生的学习能力。通过这种方式，计划、指导和反思的过程对团队来说是清晰可见的。同行观摩有3个组成部分：

1. 观摩前的会议
2. 观摩
3. 观摩后的会议

仔细规划同行观摩的3个组成部分对于获得成功至关重要。在同行观摩开始之前，你的团队应该共同讨论并制定基本规则。其中可能包括确定观摩时间，比如每次10—15分钟。团队也要注意到，在观摩开始之前，团队预先决定如何处理潜在的挑战是十分有效的，因为在观摩结束之后，教师可能会执着于某些想法，比如“如果当时你在10分钟前就进来，孩子们就会……”相反，可以建立一个基本规则，即观摩反馈只基于直接观摩到的事实。坚持一个既定的基本原则，比如“不找借口，只讲事实”，可以防止团队成员之间进行低效能的对话。

另一个基本的规划要点是允许教师自行选择观摩时间。当教师能够自由把控时间时，同行观摩更有可能获得成功。同行观摩中的教师经常会灵活安排时间来观摩课程和接受观摩。例如，一些老师有开放的规划周期，另一些则选择他们的学生在图书馆与其他优秀教师一起讨论的10分钟时间进行观摩。灵活安排时间可以减少对代课老师的需求，并最大限度地减少其他的调度难题。

除了安排观摩时间，教师还可以决定由谁观摩，谁被观摩，以及相关的组织安排。由于开放性实践存在一定的脆弱性，被观摩的教师与观摩者融洽相处是非常重要的。此外，还需要讨论观摩教师是否以及如何记笔记。确定反馈和信息相互传递的方式需要由集体共同设计和选择。提前询问被观摩教师更喜欢以哪种方式接受反馈是很重要的。这一过程可以建立相互信任和信誉，特别是当观摩者遵守团队的基本规则并尊重被观摩教师的意愿的时候。

被观摩的教师与观摩者融洽相处是非常重要的。

同行观摩是如何运作的

同行观摩的一个关键特征是，被观摩的教师将领导整个过程，并在观摩前的会议上与观摩者共同决定组织调度安排。观摩是专业成长的载体，而不是绩效评估。

被观摩的教师应该对过程中的每一步都满怀信心，因为整个过程是共同设计的，对所有人来说都不应有任何意外。观摩应重点关注团队在安全实践期间选择和实施的循证实践。通过自我反思和观摩中的反馈，观摩和被观摩的教师都提高了自己的效能以及对学生的影响力。

由于教学是复杂的，我们必须定期反思学生的学习是如何因为我们的教学而获得提升的。仅仅相信只要我们"教了，学生就会了"是不够的。相反，成功的教育工作者会与同行和学生合作，讨论进步与影响的概念。这意味着我们每天都要反思课堂上发生的每件事，而不是仅仅在年底或发布总结性的评价时反思课堂。反思的第一步是自我认知，我们通常需要通过与他人的对话来加深自我认知。值得信赖的同事提出有价值的问题时往往会引发我们的思考。而如果没有一个善于思考的同事，这一切可能都不会发生。

在同行观摩中收集到的意见可能会改变教师和学生的学习方式。这是因为当进行同行观摩时，我们处于主导地位。我们通过对自己有意义的方式来指导自己的学习，同时也能解决课堂上出现的问题。有效的同行观摩是工作嵌入式的专业学习机会，它支持解决问题，分享想法，并建立教师的集体效能。

反思的第一步是自我认知，我们通常需要通过与他人的对话来加深自我认知。

观摩前的会议

观摩的标准将在观摩前的会议中确定。被观摩的教师需要确定自己希望从观摩者那里得到哪些有关循证实践的反馈。观摩者需要同意只关注被观摩教师划定的领域并提供有针对性的反馈，而不是课堂上发生的其他任何事情。针对观摩的共同预期可以降低授课教师的压力。

由于观摩者不需要观摩整个课程，被观摩的教师需要决定观摩的具体日期和时长，他们也可能想要得到关于示范或课堂指导方面的具体反馈。此外，还要确定观摩者何时进入教室，观摩多长时间，以及他们的位置。观摩者是坐在教室的后面还是前面？需要与学生互动吗？这些问题都要在观摩前进行讨论和商定。

由于观摩的重点是理解基于学生学习的循证策略实施，观摩者和被观摩的教师需要共同决定如何捕捉并记录相关的信息。观摩者是用电脑还是用本子做笔记？他们需要记录授课教师的原话吗？需要记下学生的反应吗？需要向学生提问吗？再次强调，被观摩的教师将拥有决定权，因为他们要将自己和自己的实践公开展示。把决定权交给被观摩教师，使其自己做主，往往可以消除一些伴随观摩而来的紧张情绪。

在观摩前的会议上要讨论的另一个重点是确定被观摩的教师倾向于接受的反馈类型和范围。至关重要的是，观摩者须倾听被观摩的教师的意见，这样他们才能捕捉到相关信息并以一种可接受的方式返还给被观摩的教师。例如，被观摩的教师既有可能希望观摩者提供口头反馈，也有可能倾向于书面反馈。同样，被观摩的教师掌握决定权。观摩双方可以通过思考图5.3中的问题来准备观摩前的会议。在会议结束时，被观摩的教师和观摩者之间应达成共识和一致的预期。

图5.3 观摩前会议中的问题模板

组织工作	
商定的观摩重点为： 预定的日期和时间为：	
个人感受	
你希望从这次经历中学到什么？	
面对展示你有什么感受？	
学习重点	
你的学习目标是什么？ 成功的标志是什么？	
学生已经掌握了哪些知识？他们还有哪些其他优势？	
学生的基本资料是什么？	
课堂中潜在的挑战是什么？	
你将如何克服挑战？	
观摩数据	
你希望如何收集和组织数据？	
在观摩后的会议上，你希望如何共享数据？	
同行观摩的流程	
你过去参加过同行观摩吗？哪些方面效果好？哪些方面可以更有效？	
当我来到教室时，你希望我坐在/站在哪里？	
你希望我与学生互动吗？如果是，互动的目的是什么？	
观摩后的会议	
我们何时见面讨论观摩结果？	

使用观摩工具捕捉实证

在观摩前的会议上，我们还需要商定一个用于记录的观摩工具。这个工具可以从头开始合作商定，也可以对外部资源进行选择或修改。观摩者可以提出其他选择来作为讨论和选择工具的起点，但须由被观摩教师做出最终决定。有些观摩者选择使用白纸或文字处理文档来做自由记录。另一些人则喜欢逐字记录学生讨论的内容。最重要的是，观摩手段可以帮助观摩者收集被观摩教师所需的信息。

观摩

在预定的日期和时间，观摩者来到被观摩教师的课堂。观摩者要准时到达课堂并遵守观摩前会议上达成的每一项共识，这很重要。在观摩的过程中，观摩者只需要对商定的重点领域进行记录。由于课堂情况复杂多变，事无巨细地点评是不公正的。

通常，当我们观摩同行时，首先会发现我们对于什么是好的实践存在分歧。一般来说，我们的第一直觉是寻找优点——这就是评判。正如我们在第4章中学到的，评判对于教育工作者之间的关系可能并无益处，因此努力做到实事求是是在同行观摩的过程中必不可少的。对事实进行客观的描述可以最大限度地降低做出不合理假设的可能。观摩结束后，观摩者安静地离开教室。反馈将在观摩后的会议上进行共享。

努力做到实事求是是在同行观摩的过程中必不可少的。

观摩后的会议

根据在观摩前的会议上确定的时间安排，观摩双方进行会面，并汇报课堂情况。根据课程和学生年龄段的不同，一些教师会在会议上携带学生的作业样本进行讨论。观摩者可以选择使用图5.4中的问题来作为讨论的支撑，但观摩者需要多听少说，这很重要。教师能力的提升来自对课程的反思。观摩者应克制给予建议的冲动，并提出问题，帮助同事口述反思，引导他们对循证策略进行思考。

在观摩后的会议上，观摩者还将展示观摩期间捕捉到的数据。这些信息以及他们自己的观摩可以帮助被观摩教师思考自己实施循证策略的效能。这样一来，观摩双方都可以加深自己对循证实践以及学生回应情况的理解。

为教师提供机会分享他们在课堂上遇到的意外、成就和难点，有助于他们确定下一步的行动。通过反思，教师更有可能根据自己设立的目标做出改进，因为是他们自己做出的这些决策。

对实践的反思可以帮助我们以促进深入思考和学习的方式来审视自己的经历。这样一来，就可以把我们的参考框架延伸到个别课程之外。在规划观摩后的会议时可以考虑图5.4中的问题。

同行观摩会促进教师自行确立目标并采取行动。

当收到的反馈与教师在观摩前的会议上做出的预期相匹配时，反思的效果就会增强。同时，这也将加深教

图5.4 观摩后会议中的问题模板

目标	问题模板
教学方法	• 循证实践是否成功？如何检验？ • 在整堂课中，你用什么方式来检查学生的理解？ • 你使用的策略效能如何？ • 学生在哪些方面保持了参与？ • 当你在反思这堂课时，你在进行差异化教学时考虑了什么？
课堂内容	• 你是如何确定学生需要知道什么才能获得成功的？ • 指导本堂课的一些基本问题是什么？ • 你如何决定讲课的顺序？
同事间的互动	• 你的同事可能对这堂课有什么看法？ • 与同事的互动在哪些方面帮助你完成了这堂课？
规划	• 当你设计这堂课时，你想到了哪些标准来促进高阶思维？ • 对于如何监督和调整，你做了哪些决定？ • 当你反思这堂课时，它与你计划的内容相比有什么不同？
学生	• 当你设计这堂课时，你对学生已经掌握的知识做了哪些预测？ • 在整堂课中，你注意到学生理解了什么？ • 你对学生已有知识的理解如何影响了你的规划？

师之间的信任并增加他们在未来进行合作的机会。同行观摩会促进教师自行确立目标并采取行动。通过这种方式，教师可以指导自己的学习。接下来将要介绍的学习走访和无学生走访提供了另一种形式的合作学习。

学习走访

参加学习走访是体验合作学习的一种低风险方式。学习走访有时也被称为教学演练或教学督导，通过使教师观摩同事的课堂，它为教师提供了机会来巩固自己的知识。学习走访的重点是了解基于循证策略实施的学生学习情况。如果教师认为自己可能会因为课堂的方方面面而受到评判，他参加学习走访是体验合作学习的一种低风险方式。

们就会倍感压力。在学习走访的过程中，我们可以把注意力从教师的所作所为转移到学生学习的内容上，以此来缓解教师对于被观摩的紧张情绪。

尽管许多教师都熟悉由他们的领导者进行的学习走访，但希望参与学习走访的团队在走访之前进行合作并达成一致是很重要的。在集体效能循环中，学习走访的目的通常由共同挑战和团队选择的循证实践驱动。学习走访需要提前安排，不能进行突击观摩。再次强调，我们的理念是相互学习，而不是吹毛求疵或挑同事的毛病。

针对来访教师的指导也可以有效防止误解。这些共识为我们提供了安全感，让我们可以冒着职业风险开放课堂，让同事们观摩。学习走访可以安排在学生在校时的教学日，也可以安排在放学后（下一节将详细介绍）。这两种方法各有优劣。例如，如果在放学后进行学习走访，教师可以选择关注教室环境的其中一个方面，例如张贴的要点图或学生使用的语言框架。如果在白天进行学习走访，就有机会观察到老师的行动并向学生提问。在下面的场景中，你将看到一个幼儿园教师团队是如何精心安排了一次学习走访，以此来互相学习的。

当这个幼儿园教师团队即将结束集体效能循环时，他们安排了一次学习走访，重点是观察学生的数学作业。在学习走访之前，教师们会面并确认了走访的学习目的和重点：观察学生使用弹珠在物体与数字之间建立1∶1的对应关系，并解决一个应用题。学生要解决的问题是：

任务：哈米德（Hamid）有4颗黑色弹珠和3颗白色弹珠。请在这里画出这些弹珠。约西亚（Josiah）有5颗黑色弹珠和1颗黑色弹珠。请在这里画出这些弹珠。哈米德认为他的弹珠比约西亚更多。他说得对吗？你怎么知道？用图片、文字和数字表达出你的想法。

团队在上课时已经预测到学生可能出现的错误，他们参考了以下笔记，所以在学习走访之前就对情况有所熟悉。

我们预测大多数学生能够：

- 排列弹珠以展示1 ∶ 1的对应关系
- 为两组编号
- 数出两组的数量
- 写出算式

我们预测了这些可能存在的错误：

- 认为约西亚有更多弹珠，因为他的深色弹珠更多
- 没有将弹珠与数字联系起来
- 没有理解“更多”的意思
- 没有理解“相等”的意思
- 数错数

在学习走访之前就回顾这些笔记，可以提醒幼儿园教师团队的每个成

员注意这节课的学习目标。如果团队成员对课堂的其他方面进行点评，而不是对在学习走访前商定的内容进行点评，就有失公正。这种强调为参加学习走访的教师提供了对学生学习情况的统一“关注点”。这样一来，授课教师就可以专注于讲授既定的数学教学目标。

在开始学习走访之前，必须讨论的另一个重要问题是时间安排。进行学习走访的时间至关重要。在此之前，团队可能会考虑有哪些其他的组织安排。应该在学习走访前讨论的其他问题包括：

- 在观摩的过程中，观摩者将如何以及收集哪些信息和数据？
- 观摩者是否会携带书写板或其他设备，来记录他们在课堂上的关注点和疑惑？是逐字记录还是速记？
- 观摩者是否会在规定的时间内观摩，但同时记下他们在课堂外的观察？
- 观摩者将使用哪种类型的数据收集工具？
- 观摩者是否会与学生互动？如果是，如何互动？
- 观摩者是否会提问？是问1个还是3个需要授课教师解释的问题？如果要提问，如何选择学生？选择多少学生？

在学习走访之前，将上述问题逐一讨论并达成一致，可以最大限度地缓解授课教师的焦虑情绪，因为观摩的标准是事先商定的。这样观摩对于参与其中的每个教师来说都可能更有效，更成功。

学习走访并不局限于同一年级之间。团队可以采用多种方式设计学习走访。对于团队中的教师来说，通过学习走访来观摩高一个年级和低一个年级的学生通常是有帮助的。比如4年级的教师观摩3年级和5年级的课堂——除了能够提高整个学校的凝聚力之外，这些垂直的学习走访还能让我们对学生的能力和发展阶段有更深入的了解。从垂直的学习走访中了解到的信息往往有助于团队制订下一步计划，确保学生为下一年级做好相应的准备。关注学生在同事课堂上的学习方式和内容也有助于我们更好地为学生提供指导。

从垂直的学习走访中了解到的信息往往有助于团队制订下一步计划，确保学生为下一年级的学习做好相应的准备。

教师参与学习走访的另一个好处是，这种形式比全校的教学督导或演练更加方便灵活。教师团队在短时间内就可以从日程安排中确定走访的课堂或接受同事的走访。由于需要协调时间的人数较少，走访安排起来比较简单。教师们通常对上级赋予自己的责任和信任怀有感激之情。虽然允许教师自行决定观摩的时间是个小小的举措，但会收到很多的回报。

当每一次的学习走访结束时，都会有指定的时间让观摩者筛选自己的笔记来向授课教师提供反馈，并以请教的方式礼貌性地提出1—2个问题。当观摩者想获得更多信息时，请教是一种更加令人舒适的提问方法。这为授课教师提供了另一层安全感。学习走访是专业学习的一个重要方面。它是嵌入工作的差别式学习，让我们以有效的和适宜的方式提高教学效能。与传统的“坐而论道”式专业发展相比，学习走访更有可能使教师将他们收获的理解和见解应用到自己的课堂实践当中。接下来，我们将介绍另一种理解学生学习的方法——无学生走访。

无学生走访

与学习走访一样，无学生走访也需要事先安排，它既非偶然发生，也非一时兴起。无学生走访不同于学习走访的地方在于，它发生在学生不在教室里的时候，而这通常是团队开始进行开放性实践的习惯做法。有些团队选择在自由预习期间、午餐时间或放学后进行无学生走访。参加这种走访的好处之一是，由于课堂上没有学生，教师可以把注意力集中在教室环境上。与学习走访类似，无学生走访的组织性至关重要，不是没有学生参与就可以无组织、无纪律。事实上，教师可以通过无学生走访开展实践，并从环境中获得关于学生学习的见解。

在走访过程中，团队关注的环境因素包括课桌是如何摆放的、学习目标和成功标准是如何在教室里张贴的，以及教师是如何使用要点图、评分标准和其他工具来促进学生学习的。直接观察同事为学生安排的辅助学习手段通常十分有效，因为教学方法并不是固定且唯一的。虽然我们可能会定期观摩同事的课堂，留下教案或聊聊彼此的周末，但我们往往不会关注到与环境有关的学习辅助环境——除非有特定的提示，例如在无学生走访之前提前确定好预期并在走访目标方面达成一致。

基于讨论的规程提供了规则和情感安全，让我们在学习走访或无学生走访后进行诚实的汇报。

无学生走访可以用类似于学习走访的方式进行汇报。观察到的信息通常以提示和请教的形式呈现，提供友好的和客观的反馈。图5.5提供了一个可以考虑使用的汇报规程。当来到其他同事的课堂时，我们必须要考虑到他们的感受。这与在别人家里做客一样，我们必须要有礼貌，这样才会再次被邀请。也就是说，基于讨论的规程提供了规则和情感安全，让我们在学习走访或无学生走访后进行诚实的汇报。

打开教室之门，欢迎访客参观，可以帮助他人更新自己对学校生活的理解，同时加深家校之间的联系。

邀请家庭和社区成员参观教室是另一种无学生走访。这也需要事先安排，这样，想参加的家庭就可以提前报名。教师自愿开放自己的教室，教师、教学培训员或校长会促成与访客的讨论。这对访客来说往往是富有启发的，因为他们对自己孩子日常的生活环境有了更深入的了解。有时，访客会根据自己以前作为学生的经历对教室提前设想一个心智模型。而打开教室之门，欢迎访客参观，就可以帮助他人更新自己对学校生活的理解，同时加深家校之间的联系。

所有的观摩者，无论是教师、助教、教学培训员、管理人员，还是外部访客，都能从理解教学目的和参与学习走访中受益。值得注意的是，所有的参与者都需要明白，观摩不是为了监视或评估教师。它既不是惩罚性的，也不是主观臆断的，而是为了让人们得以一瞥课堂生活。团队可以使用图5.5中的问题来准备学习走访和无学生走访。

图5.5　准备学习走访和无学生走访

1. 确定走访的目的。 观摩者需要以书面形式表达走访目的吗？	
2. 保密讨论。 对教师和学生的隐私有何预期？	
3. 鼓励学习。 如果要做笔记，将如何进行？	
4. 不抱成见。 如果有人提出了不恰当的问题或评判，我们该如何应对？	
5. 观摩而不是评价。 为外部访客提供的观摩手段是否会有帮助？	
6. 确定时间参数。 如何管理时间？	
7. 确定走访的终点。 何时对学习走访进行汇报？	

与所有观摩一样，当团队在学习走访或无学生走访之前确定并商定好观摩工具时，效果往往是最好的。团队也可以考虑按教室来标记观摩结果，这为被观摩教师提供了一定的匿名性，并且团队可以更专注于实证，而不是授课教师。我们建议使用图5.6所示的观摩工具来协助这一过程。

图5.6　学习走访和无学生走访使用的观摩工具

	实证	笔记	疑问
教室A			
教室B			
教室C			

学习走访和无学生走访的成果汇报

在学习走访或无学生走访之后，团队有组织地进行汇报，注意避免使用可能伤害他人或破坏汇报流程的评价性表达。在团队成员分享之前，主持人可以通过提醒观摩者和鼓励个人反思来引导整个流程。这有助于团队成员根据实证、自己的笔记以及与循证实践相关的疑问来清晰地表达基于事实的观察。主持人和团队可以参考图5.7中的指南，形成基于实证的汇报供团队讨论。

图5.7　汇报学习走访和无学生走访的引导指南

汇报时的注意事项	我的想法	我们共同的想法
关于实证 这不是对老师的观察。 具体的实证是什么？ 尽量不要去猜测。		
关于评价性表达 尽量避免使用“我喜欢……”或“我不喜欢……”的句式，描述你所看到的，而不是你的感受。		
关于循证实践 几个教室之间有什么共同点吗？ 有新的模式出现吗？		

微型教学

教师进行开放性实践的另一种方式是微型教学。微型教学是对课堂记录的洞察。不需要花哨的设备或设置，这在手机或平板电脑上就能做到。与其他学习方式一样，有一些特定的规程可以用来集中指导微型教学。通常，记录课堂的视频不会超过10分钟，授课教师可以在适当的节点开始和停止视频，并获得同伴教练的反馈。例如，授课教师可以根据她在指导性教学中提出的问题向同事寻求反馈。这也将成为最终视频的一部分。

采用微型教学有诸多好处。它灵活迅速，也不需要代课教师，因为教师可以选择一个彼此都方便的时间见面。由于双方教师只需观看视频，微型教学可以在预习期间、午餐时间、放学前或放学后进行，甚至也可以在家中进行。微型教学的另一个好处是，被观摩的教师可以在与同伴教练见面之前预览视频。被观摩的教师可以控制视频的开始和结束时间，这提供了一层额外的安全感。在汇报的过程中，同伴教练使用自己的认知培训技能来帮助被观摩的教师探索自己对课程的看法。与其他课堂观摩一样，微型教学是非评估性的，因此教师在讨论中须使用提示和请教等礼貌表达。由于很多教育工作者不愿意留下记录（以免留下对自己不利的证据），许多采用微型教学策略的学校都有一个既定的流程，那就是在讨论结束后删除视频文件。这样既保护了教师，也保护了学生的隐私。如果团队成员遵守约定，只将视频用于教学目的，那么学生在视频中露面就不需要获得家长的同意。

与线下的课堂观摩相同，在使用微型教学策略时也需要事先安排时间。在第一轮观察、反思和讨论结束之后，教师之间将进行角色互换，由不同的授课教师提供课堂观摩的重点。微型教学在集体效能循环中非常有效，因为教师可以反复观看视频，这样就可以多次接触循证实践。

正式培训

克拉夫特（Kraft）和同事分析了60项关于教学培训的研究，以确定加强教师实践对学生成绩的影响。这项综合了诸多研究的综合分析发现，培训对教育工作者实践质量的提升效果等同于积累10年的教学经验。这表明，培训比传统的职业发展方法有效得多。

此外，我们还了解到，大型培训不如小型培训有效。由于大型培训需要更多熟练的教练，教练的整体质量可能会因此下降。此外，大型培训也可能将培训目标标准化，而忽略对每个教师的个性化培训。这项综合分析显示，个性化培训对于培训的成功至关重要。

认知培训

在集体效能循环中，教师通常在与同事的合作、反思和汇报中获得认知培训的技能。认知培训不同于其他类型的培训——在认知培训的过程中，教师需要探索实践背后的思维方式。我们可以将自己的思维想象成一张未完成的地图。在认知培训中，教练会问一些问题来揭示思维地图中未完成的区域。教师在这一过程中将越发清楚自己做出特定决策的原因，从而完善思维地图。因此，认知培训是一种有引导的反思，通过提高自我监控、自我分析和自我评价的能力来促进教师的智力成长。

在认知培训的早期阶段，教练帮助教师完成自己的认知地图。从本质上讲，有了认知培训的经验，人们通常就能自行在认知地图上完善细节。这种思维意识的增强使人们超越直觉，考虑做出决策的根本原因。

笔记

情境2：更巧干，而不是更实干

卡拉是凯悦高中新上任的10年级生物老师，在最近的集体效能循环中，她与科学系的其他同事一起参加了认知培训。培训的重点是当他们教授生态系统中的相互依存关系时，如何鼓励学生参与课堂讨论。卡拉刚刚加入团队，也不熟悉教学，她担心如果同事观摩自己的教学，就可能会看轻自己。她也对参加认知培训感到紧张，因为她对此一无所知。不过在小组会议上，当科学系的教师讨论提高学生课堂参与度的策略时，卡拉进行了补充，因为她对自己掌握的知识很有信心。

科学系的教师严格执行了为集体效能循环共同制定的8周时间表。卡拉知道安全实践即将结束，而同行观摩马上就要开始。直到大家开会敲定了同行观摩的时间表，她才比较确定这一切将如何进行。乔伊是一位经验丰富的教师，她对大家说："我们已经做了几年的认知培训，但对于卡拉来说这还是第一次。卡拉，你和我一起来了解一下培训的流程如何？如果你愿意的话，我想让你在杰森指导我的时候来观摩。你可以参加观摩前的会议，之后和杰森一起参加观摩，下周二放学后我们可以在我的教室里汇报观摩情况。你觉得可以吗？"卡拉松了一口气，觉得自己暂时摆脱了困境。她更感兴趣的是，认知培训将如何作用于乔伊。乔伊将在课堂上与学生一起练习，而卡拉很好奇，当教室里多了两名老师观摩授课时，乔伊是否会感到紧张。

在接下来的周二上午，卡拉与乔伊和杰森见面，并一起参加观摩前会议。会上，杰森问了乔伊4个问题，而卡拉则在一旁观摩。杰森问的问题是：

1. 你的学习目标是什么？
2. 你如何得知自己在何时达成了目标？
3. 学生如何知道自己取得了成功？
4. 你想从我这里获得哪些方面的教学反馈？

乔伊思考了每个问题并给出了细致的回答。杰森和卡拉都做了笔记，以确保他们在观摩后的会议上能够向乔伊提供她所需要的信息。卡拉惊喜地发现，这次见面只持续了大约15分钟。当天晚些时候，杰森和卡拉在约定的时间到达乔伊的教室进行观摩。由于乔伊要求他们收集有关学生之间互动的信息，杰森和卡拉对此都做了笔记。这是卡拉第二次对整个流程以及它轻松和谐的氛围感到意外。乔伊对于课堂上有人观摩表现得十分自在，她表示自己对此已经习以为常，很欢迎同事们的反馈。让同事观摩也不再令卡拉焦虑。

培训对教育工作者实践质量的提升效果等同于积累10年的教学经验。

第二天上午，3位老师召开了观摩后的会议。卡拉不太确定杰森将如何进行这场对话，因为她注意到，在课堂上有几个学生没有参加关于生态系统中相互依存关系的讨论。她想知道杰森将如何提出这一问题，因为学生参与课堂讨论是课程和集体效能循环的全部目标。杰森十分擅长认知培训，在汇报开始时，他先询问了乔伊对这节课的看法，以及是否存在与计划出入之处。卡拉看着乔伊思考她的教学目标和课堂上发生的事情。她注意到杰森在会上很少说话。相反，多数时间是乔伊在讲话，反思她的教学决策及其对学生学习的影响。

令卡拉意外的是，观摩后的会议也相当短暂而轻松。她担心，如果她或杰森指出一些学生没有参与课堂讨论，乔伊可能会有些生气。但事实上，无须他们指出，乔伊自己已经意识到了——她主动谈及了这一点。在她的口头反思中，乔伊认为是她自己的行为影响了学生的参与度。她没有责怪学生冷漠或为此找借口。相反，她承担了责任，因为她意识到自己没有为学生提供足够的空间来思考和交流。通过口述反思，乔伊认识到她可以如何改进自己的教学。杰森和卡拉都不必给她建议，因为她自己已经意识到了。

整个流程并不总是如此轻松。有时，认知教练可能需要给出更多提示来促进更深入的反思。有经验的认知教练知道在何时沉默可以引导回应，而何时又需要口头提示。

有经验的认知教练知道在何时沉默可以引导回应，而何时又需要口头提示。

认知培训让卡拉和科学系的同事们成了更好的思考者和更优秀的教师。随着时间的推移，卡拉也发现自己的双重认知能力有所提高。双重认知能力是指同时关注“关系和任务，并以学生和教师为中心”的能力。有引导的反思帮助卡拉提高了解决问题的能力和教学技能。检验实践、未雨绸缪以及自我评估已经成了卡拉的日常习惯。她感到越发舒适，因为自己的成长是通过不断试验和与同事的持续合作得来的。科学系的其他老师也以勇于创新、解放思想和不断进取为目标。凯悦高中的教师学习文化一直十分浓厚，因为他们尊重元认知，卡拉和她的同事现在对学生也在使用相同的指导方法。

回顾第5章：我们学到了什么

同行观摩提供了有序进行相互学习的机会。

团队真棒！同行观摩的开放性实践促进了教师间的合作、支持和团队精神，并创造了一种文化，增强了我们的团队意识以及对学生成功的集体责任感。这是一种工作嵌入式的专业学习，无须出差参加任何工作培训或会议。相反，同行观摩提供了有序进行相互学习的机会。教师可以通过图5.8对集体效能循环进行反思。在开放性实践阶段结束时需考虑的问题包括：

- 每个团队成员都参与并遵守了观摩前的会议、观摩、观摩后的会议这一程序吗？
- 反馈是否是对课堂上所观察到的事实的客观描述？
- 反思在哪些方面促进了团队的专业知识？

笔记

图5.8　对集体效能循环的反思

问题	我的想法/集体效能的程度
掌握经验：我们的团队在哪些方面取得了成功？ 找出我们熟练工作的具体例子。	1　2　3　4　5
信任：在确定共同挑战时，团队成员之间是否存在信任感？ 举出信任感很强的例子。	1　2　3　4　5
问题解决：我们是如何一起解决问题的？ 描述团队成员何时以及如何互相支持。	1　2　3　4　5
价值导向：当面对一个问题时，我们是否坚持了价值导向的立场？ 注意团队需要关注学生特长、兴趣和背景知识的情况。	1　2　3　4　5
效率：我们是否遵守了达成的共识并合理利用了时间？ 记录卓有成效的团队会议。	1　2　3　4　5
积极的情绪：我们会议的主旨/情绪基调是什么？ 描述团队成员互相支持以保持乐观态度的例子。	1　2　3　4　5

第6章

监测、完善与庆祝

章节综述

在同行观摩与学习走访结束之后，集体效能循环便告一段落。我们努力学习循证策略，强化自己的知识和技能，并促进学生的学习。除了形成性评价，我们还从学生那里收集了其在循环中的学习经历。利用所有数据，让我们一起分享哪些工作做得好，以及下次可以改进的地方。重要的是，记录学生的学习和团队的成功可以有效促进教师集体效能的产生。在收尾阶段，我们需要进行自我评估，并确定在循环中是否创造了全面的经验。此外，在这一阶段还可以邀请其他教育工作者共同查看成果，并通过画廊漫步教学来提供对集体效能循环过程的反馈。

在画廊漫步教学中，团队需要设计一个可视化的表现形式来反映自己在过去6—8周的学习和学生进步的情况。这一过程可以促进反思，并为其他教育工作者和团队提供查看学习进程的途径。可视化的表现形式是他人通过替代性体验向其他团队学习的一种方式。图6.1中显示的创新配置展示了集体效能循环结束时的理想情况。

图6.1 监测、完善与庆祝的创新配置图

1：理想状态	2：较理想状态	3：初始状态
集体效能循环在结束时满足以下**所有**标准。	集体效能循环在结束时满足以下**大部分**（50%—99%）成功标准。	集体效能循环在结束时满足以下**部分**（0%—49%）成功标准。

团队成员：

- 向学生收集有关学习经历的信息
- 通过分析多个数据来源，评估循证实践带来的影响
- 确定循环是否为全面的经验
- 确定未来专业学习的领域
- 利用循环中的成果组织一次画廊漫步教学，并邀请同事观摩、提问和评论

教育工作者的独立反思

就像教师鼓励学生接受批评并改正自己的作业一样，团队也需要自省，以总结成功之处并确立下一步的目标。团队需要为集体效能循环的最后一个阶段留出充裕的时间。通过分析，团队需要确定循环是否带来了全面的经验。这可以通过独立反思（图6.2）、团队集体反思（图6.3）以及对学生学习情况的分析来实现。团队需要收集形成性评价数据以及展示学生工作和学习情况的成果，并在整个循环中调查学生学习的经历。

笔记

图6.2　独立反思

独立反思的问题	我的想法
1. 对所选循证实践的研究满足了哪些学习需求？我还可以进行哪些进一步的专业学习？	
2. 通过这次学习，我的教学实践得到了怎样的验证或改变？	
3. 循环对于学生成绩有什么影响？有什么证据可以证明？	
4. 我将如何与团队以外的其他同事分享我的学习经验？	

图6.3　成就分析的流程

目标：利用有关学生学习的信息和教师经验，团队分析循证实践的实施情况。

步骤	说明
1. 发现成就 每个团队成员反思并简述集体效能循环中的一个或多个成就。	
2. 分享成就 每个团队成员轮流进行口头分享，直到所有成员发言完毕。	
3. 澄清式问题 提出并回答澄清式问题。	
4. 独立思考3大成就 每个团队成员从之前的分享中挑选3大成就。	
5. 就3大成就达成共识 团队讨论并共同确定循环中的3大成就。	
6. 庆祝环节	

学生调查和访谈

学生调查和访谈提供了有关其自身循证实践的有效反馈。即使是年幼的孩子也可以通过口头或图片来回答少量的问题。高年级的学生通常还能够提供与学习相关的独到见解。

画廊漫步教学

画廊漫步教学可以让所有参与者看到整个学校所做的工作并就整个过程提出问题。他们可以看到方法和进展中的差异和差距，以及下一步的走向。画廊漫步教学有助于人们更加熟悉教育工作者的规划和学生的经历。引导指南见图6.4。

笔记

图6.4 画廊漫步的引导指南

	说明
鼓励书面反馈 确定收集反馈的方式和时间： • 笔 • 便利贴 • 讲义 • 二维码 • T形图	
观察，而非评价 确保人们提供观察性反馈，而不是评判。要求观察者： • 保持好奇心 • 提出以“我想知道……”和“我想知道能否……”开头的问题	
知识共享 准备讲义： • 循证实践 • 专业的阅读建议 • 可视化的日程安排 • 视频链接	
权限 确认观众是否有权拍摄、查看或发布照片和视频： • 照片 • 社交媒体 • 学校博客或其他网站	
观众需要思考的反思性问题 • 这在哪些方面影响了你的实践？ • 你想进一步了解什么？	

什么是集体效能文化

在集体效能的文化氛围中，学生的学习将得到重视，并且人们相信，学校的教育工作者有能力确保学生取得长足的进步。承担集体责任和内部责任对于教育工作者来说将成为一种常态。关于教学实践的讨论将以学生学习的实证为基础，并使用价值导向表达来描述学生的需求。图6.5展示了当集体效能存在时，学校的环境是什么样的。

图6.5 什么是集体效能文化

集体效能表现为……	集体效能不表现为……
●“我们谈论学习的方式为学生确立了自己可能实现的目标。如果我们希望学生奋起迎接挑战，就需要将错误和失误视为学习的机会。” ●“我们应该一起设计什么样的学习体验来确保学生在生物学科的学习中面临强度合适的挑战？” ●“专业学习社群3年级的教师在课堂上实施了一种效果良好的阅读策略。我们来看看课堂上发生了什么，以便思考如何更好地提高学生的阅读能力。” ●“通过共同努力，学生取得了更多成就。”	●“无论我们做什么都没用。学生不上心，家长也不重视孩子的教育。” ●“如果学生在家不阅读的话，我们也做不了什么来提高他们的阅读技巧。” ●“只有他们学会听指挥了，我们才可以开始教授阅读和写作。” ●“他们就是不懂。” ●“这不是他们的错。他们已经承受了太多。”

扩大成功规模

集体效能循环是一种手段，让我们在当下得到启发，并采取行动实现目标。将其从团队层面推广到学校层面需要组织上的准备。图6.6和图6.7中的问题可以帮助团队和学校管理者确定优势领域和下一步的措施。

图6.6　评估组织规模化准备情况的工具

问题	我的想法	我们共同的想法
自我价值 1. 学校管理者以何种方式为教育工作者提供团队建设机会？ 2. 学校会时常记录教育工作者的成就吗？以何种方式？ 3. 学校领导者如何了解教师的希望和梦想？		
参与 4. 学校管理者在哪些方面鼓励教育工作者保持创造性？ 5. 学校环境如何鼓励教育者享受乐趣？ 6. 教育工作者如何投入专业学习中？ 7. 校长和其他学校领导者以何种方式鼓励教育工作者承担合理的风险，并让他们知道，无论成功与否他们都会得到支持？		
目标 8. 以何种方式鼓励教育工作者制定自己的职业目标？ 9. 教育工作者有哪些机会来承担符合自己兴趣和优势的领导角色？		

来源：科莉亚（Quaglia）和兰德（Lande）

图6.7　对集体效能循环的反思

问题	我的想法/集体效能的程度
掌握经验：我们的团队在哪些方面取得了成功？ 找出我们熟练工作的具体例子。	1　2　3　4　5
信任：在确定共同挑战时，团队成员之间是否存在信任感？ 举出信任感很强的例子。	1　2　3　4　5
问题解决：我们是如何一起解决问题的？ 描述团队成员何时以及如何互相支持。	1　2　3　4　5
价值导向：当面对一个问题时，我们是否坚持了价值导向的立场？ 注意团队需要关注学生特长、兴趣和背景知识的情况。	1　2　3　4　5
效率：我们是否遵守了达成的共识并合理利用了时间？ 记录卓有成效的团队会议。	1　2　3　4　5
积极的情绪：我们会议的主旨/情绪基调是什么？ 描述团队成员互相支持以保持乐观态度的例子。	1　2　3　4　5

回顾第6章：我们学到了什么

团队真棒！我们成功了！

通过对学生学习的评估、有关学生调查的信息以及结构化反思，我们监测并改进了循证实践，促进了学生进步。在循环的尾声，我们分享了哪些工作做得好以及下次可以改进的地方。记录学生学习和团队成功对于团队产生教师集体效能至关重要。此外，画廊漫步教学让其他教育工作者共享教育成果，并直接从集体效能循环的过程中提供反馈。

当画廊漫步教学结束后，我们需要最后做一次自我评估，思考其他教育工作者和参与者在画廊漫步教学期间提供的反馈，并使用图6.8中的问题进行反思。在集体效能循环收官之时，我们鼓励学校管理人员、教练及学区领导者对教育工作者的努力给予记录和肯定。

笔记

图6.8　集体效能循环的个人及团队评估

	我的想法	我们共同的想法
自我效能 1. 我在哪些方面更有自信？ 2. 在循环中，我的知识是如何增长的？ 3. 我是否达到了对成功的预期？		
集体效能 4. 团队是否执行了制订的计划？ 5. 集体知识在哪些方面得到了加强？ 6. 集体目标达成了吗？ 7. 集体目标有足够的挑战性吗？ 8. 团队在哪些方面变得更加紧密？ 9. 集体努力是否带来了成功经验？		
请描述： 我们的集体努力是否为其他教育工作者创造了替代性的体验？ 作为一个团队，我们将继续采取什么行动？ 我们在哪些方面需要改进？ 对于下一个集体效能循环有什么初步构想？		

结语

教育工作者面临着许多挑战——要求与期望似乎总在不断更迭，而每年又会有新的项目承诺将“解决”学校里的问题。当我们独自面对这些挑战时，这种沉重的负担会让人感到难以承受。相反，我们可以通过与其他教育工作者合作，以培养教师集体效能的方式来减轻压力。教师的集体效能与学生的学业成绩互相成就。

高技能×高挑战+成功=教师集体效能

高效能的团队不会在挑战面前怨声载道，而是致力于觉察学生的需求，协作生成解决方案，并加以实施。教育工作者和管理人员可以共享教学环境的所有权，并确保每个人的福祉。在理想情况下，团队会将培养和维持教师集体效能视为常态——这就是学校的运作方式。一旦教师集体效能成为学校系统的组成部分，学校便很难回到传统的教学环境，回到课堂之门紧闭、教师孤军奋战的状态。综上所述，我们可以创造一种文化来培养教师的集体效能，并使其蓬勃发展。

产生教师集体效能的3个具体而基本的行动

1. 与学生共同实施循证实践
2. 树立并实现共同的目标
3. 通过同行观摩开放实践

教学与学习同等重要。

教学与学习同等重要。在同事的陪伴下寻找目标，培养熟练度和专注力，可以减轻教育工作者在学校感受到的或多或少的压力。通过与团队成员深入联系，我们可以在为学生、家庭和社区服务的同时，培养高光时刻并产生集体心流。作为教育工作者，我们也喜爱咖啡礼品卡和大罐的巧克力糖，但我们最大的快乐还是来自知道自己的工作能让世界变得更加美好。

附录

可供团队使用的资源

团队可以使用附录中的工具来检查或深化其合作的其他方面。

A. 集体效能循环的可视化时间安排模板

B. 创新配置图行动计划书

C. 团队信任

D. 自我评估对会议的贡献

E. 分析成功会议的卡片分类活动

F. 以公开和可视化的方式记录笔记的益处

G. 高效专业学习社群+会议技巧

H. 团队中的冲突

I. 促进共识

J. 聚焦达成共识的4个规程

K. 专业学习社群+会议中的集体动态

A. 集体效能循环的可视化时间安排模板

共同挑战：
循证策略：

第___个循环 时间跨度	**共同挑战** 探讨学生的学习需求	**建立知识** 教师进行专业学习以实施循证实践	**安全实践** 教师在低风险环境下尝试新的实践	**专业阅读** 教师阅读有关所学实践的专业文章	**开放性实践** 教师互相观摩并参与有组织的反思与反馈	**监测与完善** 教师在课上及课后参与学习走访，讨论学生学习	**下一步** 教师回顾有关学生学习的实证并确定下一步措施
第1周：							
第2周：							
第3周：							
第4周：							
第5周：							
第6周：							
第7周：							
第8周：							

B. 创新配置图行动计划书

团队可以通过创新配置图来了解集体效能循环中每个步骤的理想状态。在实现最优状态的过程中，团队可以使用此行动计划书来反映与专业学习社群+框架相关的优势和下一步行动。

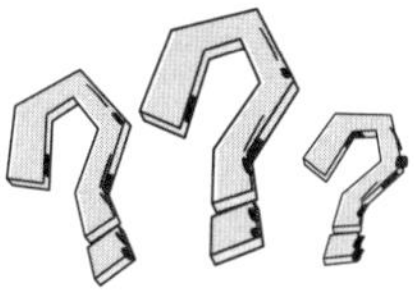

专业学习社群+框架指导问题

1. 我们的方向是什么？
2. 我们目前处于什么阶段？
3. 我们如何推动学习？
4. 我们今天学到了什么？
5. 谁受益，谁没受益？

	优势	下一步行动
第1章：发展自我效能和集体效能		
第2章：确定共同挑战		
第3章：构建教师的知识与技能		
第4章：合作规划与安全实践		
第5章：合作规划与开放性实践		
第6章：监测、完善与庆祝		

C. 团队信任

强调积极的校园文化是重中之重。它是高效的团队、有效的学习环境以及强大的校园社区的关键。否则，即使是再完善的计划也会失败。

	我的想法	我们共同的想法
互相尊重：团队如何运转与沟通		
个人表达：个人对其掌握信息的开放与共享		
胜任核心职责的能力：每个团队成员都有其特定的职责，他们相互支持并共同制定行动方案		
正直的人品：一个人的诚实度和可靠性		

D. 自我评估对会议的贡献

使用以下工具进行个人反思和目标确立。

标准	我的执行情况如何？	下次会议需要达成什么具体目标？
我尽力为每次会议做出贡献，公开分享对教学实践的反思。		
在进行教学讨论时，我使用有关学生学习情况的实证，包括作业、相关评估或其他成果。		
我提出深刻的问题来促进组内思考并加深集体理解。		
我通过转述他人的话来表明我在认真倾听。		
我注意自己讲话的时长，以免妨碍他人做出贡献。		

E. 分析成功会议的卡片分类活动

开放式的活动

目的：通过社会凝聚力来培养集体效能。每人分享与专业学习相关的、有价值的理念和经历。团队成员可以更深入地了解如何构建满足所有团队成员需求的合作模式，由此使团队对协同工作的认知更加清晰。

所需材料：尺寸约为12.5 cm × 7.6 cm的索引卡

建议时长：30分钟

注意事项：该活动既可以分组进行，也可以以全体教职工为单位进行。如果是全体教职工一起进行，那么在活动开始之前须确定如何分组。

第1步：独立思考（3分钟）

每人独立思考有关成功会议的经历、策略以及在会上看到的或使用的工具，并将具体的例子记录在索引卡上。在每张卡片上清晰地写下一个想法，以便他人阅读。自愿署名。

第2步：组内分享（12分钟）

每人分享并阐释自己的一个或多个想法。各小组将卡片分门别类，并为每张卡片确定标签。为使下一步的画廊漫步教学顺利进行，各小组需确保自己的卡片和标签对于其他小组通俗易懂。

第3步：画廊漫步教学（5分钟）

各小组在房间内走动并阅读其他小组的展示。记下其他强有力的观点。

第4步：回归到小组（5分钟）

小组成员讨论在画廊漫步教学中产生的想法和联想。成员可以针对小组成果各抒己见。找出那些不重要或重要性较低的想法并将其删除。

第5步：整合想法（5分钟）

合作确定组内有关成功会议的3—5个最好的想法，并讨论如何将其付诸实践。

明确反馈式活动

目的：通过社会凝聚力来培养集体效能。每人分享有价值的专业学习经历、核心价值、最佳学习条件以及对学校的3个期望。由此使团队对协同工作的认知更加清晰。

所需材料：尺寸约为12.5 cm × 7.6 cm的索引卡

建议时长：30分钟

注意事项：该活动既可以分组进行，也可以以全体教职工为单位进行。如果是全体教职工一起进行，那么在活动开始之前须确定如何分组。

第1步：独立思考（3分钟）

每人根据下方表格上的提示写下想法并将其记录在索引卡上。在每张卡片上清晰地写下一个想法，以便他人阅读。自愿署名。

第2步：组内分享（12分钟）

每人分享并阐释自己的一个或多个想法。各小组将卡片分门别类，并为每张卡片确定标签。为使下一步的画廊漫步教学顺利进行，各小组需确保自己的卡片和标签对于其他小组通俗易懂。

第3步：画廊漫步教学（5分钟）

各小组在房间内走动并阅读其他小组的展示。记下其他强有力的观点。

第4步：回归到小组（5分钟）

小组成员讨论在画廊漫步教学中产生的想法和联想。成员可以针对小组成果各抒己见。找出那些不重要或重要性较低的想法并将其删除。

第5步：整合想法（5分钟）

合作确定组内有关成功会议的3—5个最好的想法，并讨论如何将其付诸实践。

最佳经历	核心价值	最佳条件	3个期望
描述一下你最佳的专业学习经历。你在何时感觉自己最活跃、最投入？是什么让其如此有趣？和谁一起？对其进行详细描述。	阐述你内心深处最重视的东西——关于你自己、人际关系以及工作。	能使你在工作中保持最佳状态并获得乐趣和满足感的关键内外因素是什么？	如果你可以实现有关这所学校和学生的3个期望，那么它们是什么？

F. 以公开和可视化的方式记录笔记的益处

- 帮助团队专注于手头的任务
- 产生非主观的想法和数据
- 加深参与者在会议期间和会后的印象
- 参与者可以不做笔记
- 建立共享所有权
- 避免重复和冗余的对话
- 对个人想法给予同等重视，从而鼓励参与
- 每个成员都可以检查并确认自己的想法被准确记录
- 增加团队的成就感
- 保留第一次讨论的记录以便在下一次讨论中使用，从而促成更成熟的问题解决方案
- 在不打断会议的前提下使迟到者更快赶上进度
- 确保问责；所做决定、责任和日期都须记录

G. 高效专业学习社群+会议技巧

会前	笔记
● 共同制定一个有详细目标、结果和时间分配的会议议程 ● 向每位成员分发议程 ● 收集材料（图纸、马克笔、电子文件等） ● 确定角色 ● 回顾共识	
会中	**笔记**
● 讨论和活动须符合议程安排 ● 若一项议程即将超时，须决定是否继续 ● 使用“停车场”图以便回顾想法	
会后	**笔记**
● 检查会议流程 ● 确定下一步措施和下一次会议的时间 ● 与团队共享笔记	

H. 团队中的冲突

团队中发生冲突是正常现象。它是客观存在的，无法被定性为积极或消极。冲突可以提高团队效率。关键是保持认知冲突，而非情感冲突。

认知冲突	情感冲突
由根本意见差异引发的分歧可以通过引导以下几点来提高团队效率： • 更好的决策 • 更高的投入程度 • 更强的凝聚力 • 更强的同理心 • 更深入的理解	由个体化的私人问题引发的分歧会降低团队效率并导致： • 破坏性冲突 • 低效决策 • 投入减少 • 凝聚力降低 • 同理心不足

来源：加斯顿和韦尔曼

利用认知冲突而不产生情感冲突的团队可以开发其他团队不具备的能力。鼓励认知冲突的专业学习社群将：

- **更加专注。**他们不太可能三心二意从而干扰自己的动力。
- **更具创造力。**他们鼓励拓展性思维，倾听在过去可能被边缘化的声音。他们包容不同的观点，并运用新的方法来解决实践中的问题。
- **更具表现力。**他们保持开放的对话，并挑战彼此的论断。他们寻求意见，使每个人的贡献民主化。
- **更具包容性。**在他们中间存在一种鼓励公平的文化——你的意见不会受到愤怒、敌意或惩罚的威胁。

记录认知冲突促进团队学习的实例。团队学习在何时受到挑战？

当前团队的学习方法	改进意见

I. 促进共识

促进共识意味着所有参与者在决策过程中都有发言权。意见分歧是有益的，而并非阻碍。每个人都有机会描述自己对某个问题的感受，那些仍持不同意见的人需要公开表示自己愿意在规定的时间内进行尝试。每个人都需参与最后的决定。

以下是有关达成有效共识的建议：

- 避免为自己的立场争论
- 当陷入僵局时，需要确定每个人都能接受的方案，避免非输即赢的对立情绪
- 不要为了避免冲突而改变立场
- 避免使用多数投票、取平均值、抛硬币以及讨价还价等减少冲突的方法

促进共识不意味着：

- 全票通过
- 每个人的首选
- 每个人都同意

J. 聚焦达成共识的4个规程

注意事项：

- 在活动开始前解释流程和主持人的作用
- 澄清一切问题
- 说明最终决策不由调查阶段的统计结果直接做出。小组在做决定时，数据将作为参考因素，而非决定因素

1. 头脑风暴	• 小组成员各自展开头脑风暴 • 小组分享并将想法记录在一张图表上，不进行批评或质疑，目标是提出8—10个想法
2. 澄清问题	• 主持人询问是否有需要澄清的事项 • 由想法提出者做出澄清 • 当提问者以非语言方式或其他方式表示自己已经明白时，主持人便可以停止澄清
3. 意见倡导	• 参与者可以根据自己的意愿倡导一些想法和意见，次数不限 • 倡导时须采用积极的措辞 • 倡导必须简短
4. 调查投票	• 小组成员各自思考其认为最重要的想法 • 主持人通过举手表决的方式来确定小组作为一个集体认为的最重要想法 • 小组协作确定最佳选择并达成一致

来源：加斯顿和韦尔曼

K. 专业学习社群+会议中的集体动态

	反思	改进意见
逃避：回避或远离困难的倾向		
战斗：努力说服		
结伴：妨碍团队成熟的对话或联盟		
依赖：依赖他人为自己减负		

来源：加斯顿和韦尔曼